14.31

Gilles Brillon

J'observe le ciel

Activités d'astronomie

Illustrations : Evelyne Arcouette

Conseiller scientifique : Pierre Chastenay,
astronome, Planétarium de Montréal

D1451095

ÉDITIONS
MICHEL
QUINTIN

Données de catalogage avant publication (Canada)

Brillon, Gilles, 1942-

J'observe le ciel : activités d'astronomie

(Ça grouille autour de moi ; 3)
Comprend des réf. bibliogr.
Pour les jeunes de 8 à 12 ans
ISBN 2-89435-043-0

1. Astronomie - Ouvrages pour la jeunesse. 2. Étoiles - Ouvrages pour la jeunesse. 3. Soleil - Ouvrages pour la jeunesse. 4. Terre - Ouvrages pour la jeunesse. 5. Planètes - Ouvrages pour la jeunesse. I. Arcouette, Evelyne. II. Titre. III. Collection.

QB46.B74 1995   j520   C95-940282-9

Le ministère de l'Industrie, du Commerce, de la Science et de la Technologie du Québec, grâce à son programme *Étalez votre science*, a contribué à la réalisation de ce projet.

Conseiller scientifique et collaboration aux textes de présentation : Pierre Chastenay, astronome, Planétarium de Montréal

Illustrations : Evelyne Arcouette
Marthe Boisjoly (constellations)

Révision linguistique : Michèle Gaudreau

Conception graphique : Standish Design inc.

Responsable de projet : Johanne Ménard

ISBN 2-89435-043-0

Dépôt légal - Bibliothèque nationale du Québec, 1994

© Copyrigh 1994
Éditions Michel Quintin
C.P. 340
Waterloo (Québec)
Canada J0E 2N0
Tél. : (514) 539-3774
Téléc. : (514) 539-4905

Imprimé au Canada

1234567890IML98765

À tous les enfants.
Puissent-ils, grâce à ce livre, apprécier la chance
qu'ils ont de vivre dans ce merveilleux univers.

TABLE DES MATIÈRES

D'une page à l'autre de ce livre, nous allons faire ensemble un voyage fantastique dans l'Univers. Nous voyagerons à bord d'un vaisseau spatial extrêmement puissant : ton imagination. Et pour nous déplacer d'un bout à l'autre de ce vaste Univers, nous utiliserons le moyen de transport le plus rapide qui soit : la lumière. En effet, c'est assis sur un rayon de lumière que nous voyagerons au milieu des planètes et des étoiles, jusqu'aux plus lointaines galaxies. La lumière franchit 300 000 kilomètres à la seconde ! À cette vitesse, un rayon de lumière fait 7,5 fois le tour de la Terre en une seconde ! Rien dans l'Univers ne va plus vite que la lumière. Alors, boucle bien ta ceinture, et prépare-toi au décollage !

Le système solaire

Nous allons d'abord parcourir le système solaire. À l'échelle de l'Univers, c'est notre proche banlieue ! Le centre du système solaire est occupé par une étoile de taille moyenne, le Soleil. Le Soleil n'est ni la plus grosse ni la plus brillante étoile que nous connaissons, mais c'est l'étoile la plus proche de la Terre, et donc la plus précieuse pour ses habitants. Dans un chapitre qui lui sera réservé, nous étudierons notre étoile plus en détail.

Neuf planètes tournent autour du Soleil. Ce sont, dans l'ordre de la plus proche à la plus éloignée, Mercure, Vénus, la Terre, Mars, Jupiter, Saturne, Uranus, Neptune et Pluton. Au départ de la Terre, nous croiserons chacune de leurs orbites ; plus tard, dans un chapitre consacré aux planètes, nous passerons un peu plus de temps sur chacune. Pour le moment, contentons-nous de voler de l'une à l'autre, aussi vite que la lumière...

En 1,3 secondes, nous avons déjà franchi les 385 000 kilomètres qui séparent la Terre de la Lune. La Lune est le

seul satellite naturel de la Terre. Plus loin dans ce livre, nous reparlerons en détail de la Lune et de ses merveilleux secrets.

En maintenant notre cap en direction du Soleil, nous croisons l'orbite de Vénus après un vol de 2 minutes et 18 secondes... et Vénus est la planète la plus proche de la Terre ! C'est aussi celle qui lui ressemble le plus. Une planète jumelle, en quelque sorte.

Deux minutes 48 secondes après avoir dépassé Vénus, nous atteignons l'orbite de Mercure, la planète la plus rapprochée du Soleil. Mercure est une mystérieuse petite planète à peine plus grosse que notre Lune.

Pour atteindre le Soleil, il nous faudrait naviguer encore pendant 3 minutes 14 secondes. Mais ce serait un voyage périlleux. Le Soleil est si chaud qu'il nous ferait frire avant notre arrivée ! Profitons tout de même du

fait que nous passons près de lui pour mettre un peu d'énergie solaire en réserve. Nous en aurons besoin pour quitter le système solaire et atteindre les régions lointaines de l'Univers. Reprenons donc notre voyage, mais cette fois en nous éloignant du Soleil. En route !

Quatre minutes 21 secondes après avoir croisé à nouveau l'orbite de la Terre, nous atteignons l'orbite de Mars, la planète rouge. Mars doit son surnom au fait que sa surface est recouverte d'une poudre de minerai de fer oxydé : la planète est rouillée !

Après Mars, nous atteignons une région occupée par des millions d'astéroïdes : c'est la ceinture d'astéroïdes. Pour l'atteindre, il nous aura fallu plus de 12 minutes.

Jusqu'à présent, notre temps de vol d'une planète à l'autre à la vitesse de la lumière se comptait en minutes. Une fois dépassée la ceinture d'asté-

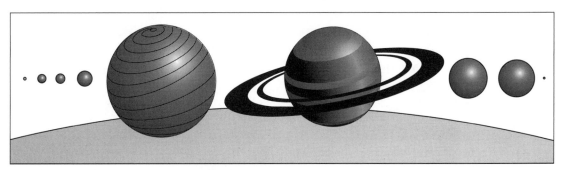

De gauche à droite : Mercure, Vénus, la Terre, Mars, Jupiter, Saturne, Uranus, Neptune et Pluton.
Tailles relatives des planètes par rapport au Soleil.

roïdes, il nous faudra compter en heures. Nous voici dans le domaine des planètes géantes gazeuses Jupiter, Saturne, Uranus et Neptune...

La plus impressionnante de ces planètes est Jupiter, la plus grosse du système solaire. Dans son volume, on pourrait loger 1 400 planètes Terre ! Pour croiser son orbite, il nous aura fallu plus d'une demi-heure...

Après Jupiter, nous atteignons l'orbite de Saturne, à 1 heure 11 minutes de vol de la Terre. Avec son magnifique système d'anneaux, Saturne est sans conteste la plus belle planète du système solaire.

Puis, à plus de 2 heures 30 minutes de vol de la Terre, nous découvrons deux planètes jumelles : Uranus et Neptune. Ce sont les plus petites des géantes gazeuses ; leur diamètre est tout de même 4 fois supérieur à celui de la Terre !

Voilà bientôt 5 heures 20 minutes que nous avons quitté la Terre à la vitesse de la lumière. Nous voici maintenant à proximité de Pluton, la dernière planète du système solaire. Pluton est la plus petite des planètes, plus petite même que notre Lune !

Passé l'orbite de Pluton, il nous faudra naviguer pendant des semaines, des mois même, avant d'atteindre les régions où se trouvent les comètes. Les comètes sont des boules de neige sale, grosses comme des montagnes et plus noires que de la suie. Elles évoluent à la limite du système solaire. Au-delà, on pénètre dans le monde des étoiles...

Notre galaxie : la Voie Lactée

Une fois sortis du système solaire, il nous faudra un peu plus de 4 ans pour atteindre l'étoile la plus proche du Soleil, alpha du Centaure, une étoile identique à notre Soleil mais qui ne semble pas posséder de planètes. Pour atteindre la dernière étoile encore visible à l'oeil nu de la Terre, nous devrons voler pendant plus de 1 500 ans ! Et après environ 30 000 ans de voyage à la vitesse de la lumière, nous atteindrons enfin le coeur de notre galaxie, la Voie Lactée.

La Voie Lactée a la forme d'un immense disque plat. Elle contient plus de 200 milliards d'étoiles et de gigantesques nébuleuses de gaz et de poussières. Pour la traverser d'un bout à l'autre, il nous faudrait 100 000 ans ! La Voie Lactée est une galaxie spirale. Autour de son noyau s'enroulent des «bras spiraux» constitués d'étoiles jeunes et de nébuleuses colorées. Le Soleil et son cortège de planètes sont situés à la périphérie d'un de ces bras.

La Voie Lactée nous apparaît comme une bande claire qui traverse le ciel d'un horizon à l'autre au cours des nuits d'été. Cet aspect laiteux specta-

culaire est dû à la lumière émise par des dizaines de millions d'étoiles dans le plan de la Galaxie.

L'Univers : un monde de galaxies

L'Univers contient des centaines de milliards de galaxies plus ou moins semblables à notre Voie Lactée, chacune contenant des centaines de milliards d'étoiles. Pour atteindre les plus lointaines, il nous faudrait voyager pendant des millions, sinon des milliards d'années, à la vitesse de la lumière! Les galaxies sont comme des îles à la surface de l'océan, des îles d'étoiles. Ces îles se regroupent parfois en archipels, que l'on nomme amas de galaxies.

On peut observer à l'oeil nu la galaxie voisine de la Voie Lactée : la grande galaxie d'Andromède. Plus loin dans ce livre, tu apprendras à la retrouver dans le ciel. Pour l'atteindre, il nous faudrait près de 2,5 millions d'années, mais heureusement, sa lumière fait le trajet dans notre direction! À l'aide de jumelles ou d'un petit télescope, tu observeras son noyau brillant et tu devineras peut-être des bras spiraux dans la nébulosité qui l'entoure.

Un livre pour toi

Ce livre te propose des activités et des expériences scientifiques qui t'initieront à l'astronomie et te feront apprécier cette science fascinante.

Les premières activités t'invitent à fabriquer tes propres instruments d'observation. Tu utiliseras ensuite ces instruments pour observer des objets astronomiques relativement proches de la Terre, comme la Lune, le Soleil et les planètes. Tu pourras, si tu veux, suivre le lent déplacement d'une planète dans le ciel, de nuit en nuit. Par la suite, tu apprendras à reconnaître dans le ciel les étoiles et les principales constellations. Une foule de petits trucs t'aideront à retrouver ton chemin parmi les étoiles. Tu deviendras un vrai «pro» de l'astronomie!

Enfin, si tu ne trouves pas les réponses à toutes tes questions, poursuis ta recherche auprès des institutions ou dans les ouvrages suggérés à la fin de ce livre. Bon ciel!

Un dernier mot, enfin, sur les précautions à prendre lorsque tu planifies une soirée d'observation du ciel. Habille-toi toujours chaudement : les nuits d'été peuvent être étonnamment fraîches et humides, sans parler des nuits d'hiver glaciales! Emporte également une bonne lampe de poche munie si possible d'un filtre rouge, pour voir où tu poses les pieds. Le filtre t'évitera d'être aveuglé par la lumière de la lampe, et ta vision nocturne sera préservée.

Enfin, ne sors jamais seul le soir ou la nuit pour observer. Indique à tes parents où tu te trouveras, et demande à un adulte ou à un ami de t'accompagner. Tu seras en sécurité... et tu pourras partager avec d'autres tes connaissances en astronomie!

LES INSTRUMENTS DE L'ASTRONOMIE

L'astronomie passionne les êtres humains depuis toujours. L'étude des corps célestes a débuté il y a des milliers d'années par de simples observations à l'oeil nu. Les télescopes ne sont en effet apparus qu'au 17e siècle ! Donc, pour faire de l'astronomie, tu n'auras besoin que d'un peu de curiosité et d'yeux attentifs. Une paire de jumelles, si tu en possèdes déjà, pourra t'être très utile. Et si tu deviens un mordu de l'astronomie, tu pourras éventuellement te procurer un télescope.

À la fin de ce chapitre, on décrit des instruments utiles pour mesurer la position des astres que tu observeras à l'oeil nu, à la jumelle ou à travers un télescope. Tu te familiariseras également avec un instrument de géométrie pratique pour l'apprenti-astronome.

Les yeux

Nous possédons déjà tous des instruments d'observation très précis et extrêmement sophistiqués : nos yeux. C'est en observant le ciel à l'oeil nu que des savants comme Eudoxe, Ératosthène et Ptolémée ont commencé à découvrir et à comprendre l'Univers, plusieurs siècles avant Jésus-Christ. Nous ferons comme eux. Dans la plupart des activités qui te sont proposées, tu vas simplement t'exercer à bien regarder. C'est sans doute la meilleure façon de pénétrer dans le monde de l'astronomie.

À l'oeil nu, on peut déjà apercevoir le Soleil (attention de ne pas le regarder directement !), la Lune, les étoiles brillantes, les planètes, des essaims d'étoiles et des nébuleuses, la Voie Lactée et la galaxie d'Andromède.

Pas mal pour un début ! Si tu es chanceux, tu pourras même surprendre une étoile filante ou une comète traversant le ciel !

Les jumelles

Si tu veux observer des détails à la surface de la Lune, découvrir les planètes ou les étoiles lointaines, ou admirer d'autres nébuleuses et galaxies, tu auras besoin d'une paire de lunettes d'approche, des jumelles. C'est un instrument qu'on peut se procurer facilement et à un prix raisonnable.

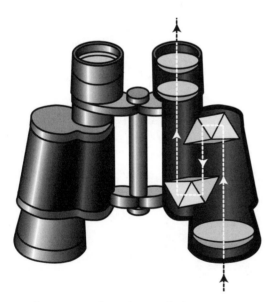

Les jumelles de qualité contiennent des prismes à l'intérieur et deux paires de lentilles à chaque extrémité. Comme des loupes, les lentilles grossissent les objets que tu observes. Plus important encore, les jumelles concentrent sur ta rétine plus de lu-

mière que tes yeux seuls ne peuvent en capter. Les objets t'apparaissent donc plus gros et plus brillants que si tu les observais à l'oeil nu.

Les petites lentilles que tu colles sur tes yeux se nomment les oculaires; les plus grandes lentilles, par où pénètre la lumière, sont les objectifs. Les oculaires sont principalement responsables du grossissement, alors que le rôle des objectifs est de concentrer la plus grande quantité possible de lumière sur les oculaires.

Pour l'astronomie, on recommande généralement d'observer avec des jumelles 7X50 ou 10X50. Sais-tu ce que signifient ces chiffres ? Le premier (7 ou 10, selon le cas) représente le grossissement. Tes jumelles grossiront donc 7 ou 10 fois les objets que tu observeras. Le second chiffre (50) indique le diamètre des objectifs en millimètres. Plus le second chiffre est élevé, plus les images formées par les jumelles sont brillantes et contrastées.

Ne pointe jamais tes jumelles en direction du Soleil. Les jumelles sont comme des loupes : elles concentrent les rayons du Soleil. Si tu as déjà fait l'expérience de concentrer la lumière du Soleil sur un bout de papier à l'aide d'une loupe, tu sais que le papier s'enflamme rapidement. La même chose arriverait à la rétine de tes yeux si tu y concentrais la lumière du Soleil. Sois donc très prudent ! Il est même recommandé de ne pas observer trop longtemps la Lune lorsqu'elle est pleine. Sers-toi plutôt de tes jumelles pour observer le ciel nocturne, découvrir les planètes, les satellites de Jupiter et les anneaux de Saturne, les étoiles doubles, les amas d'étoiles, les nébuleuses et les galaxies. Peut-être pourras-tu suivre le rapide passage d'un satellite artificiel d'une constellation à l'autre. Bonne chasse!

Le télescope

Si l'astronomie te passionne vraiment, tu voudras peut-être te procurer un télescope chez un marchand spécialisé. Mais prends ton temps. Un télescope est un appareil assez cher et qui n'est pas absolument nécessaire pour réaliser les activités qui suivent.

Malgré tout, si tu as la piqûre, magasine bien avant d'acheter. Assure-toi d'abord que l'objectif du télescope est assez grand pour laisser pénétrer ce qu'il faut de lumière dans le tube. Un objectif de 60 millimètres de diamètre est un minimum. Ensuite, vérifie que le trépied et la monture sont bien stables. Un grand nombre de petits télescopes sont montés sur un support trop lâche, ce qui fait que les images des objets observés sont continuellement agitées et floues.

Enfin, méfie-toi des réclames qui promettent de très forts grossissements (200X et plus). Aucun téles-

cope pour débutant ne donne de belles images à un grossissement supérieur à 150X, et la turbulence de l'air à travers lequel nous observons les objets astronomiques réduit souvent le grossissement utile à 50X. De toute manière, le but d'un télescope n'est pas de grossir les images, mais de capter et de concentrer la plus grande quantité possible de lumière sur notre oeil. Ce sont les oculaires, interchangeables, qui grossissent l'image. Investis donc d'abord sur le télescope, la monture et le trépied. Il sera toujours temps, plus tard, de te procurer des oculaires supplémentaires. Il existe sur le marché toute une gamme d'oculaires de télescopes de très bonne qualité.

Plus le diamètre de ton télescope sera grand, plus tu verras en détail les objets que tu observeras. Par exemple, tu pourras voir de près les cratères

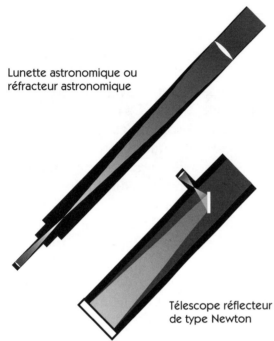

Lunette astronomique ou
réfracteur astronomique

Télescope réflecteur
de type Newton

Différents types de télescope :
Certains utilisent un système de miroirs, d'autres un
système de lentilles afin de concentrer la plus
grande quantité possible de lumière sur notre oeil.

Les astronomes professionnels utilisent de très grands télescopes pour explorer les étoiles, les nébuleuses et les galaxies très éloignées du système solaire. En observant le ciel, ils essaient de comprendre comment est né l'Univers, comment se sont formées les galaxies et les étoiles qu'elles contiennent, et comment sont apparues les planètes autour du Soleil. Peut-être auras-tu un jour la chance d'observer le ciel à l'aide de ces puissants appareils. Sinon, console-toi : les livres d'astronomie regorgent de magnifiques photographies que les astronomes ont réalisées grâce aux grands télescopes.

et les montagnes sur la Lune, les anneaux de Saturne, ou Jupiter et ses satellites. Naturellement, ton télescope te permettra d'observer un plus grand nombre d'étoiles, et d'étudier la structure des nébuleuses et des galaxies proches. Avec un adaptateur de caméra, tu pourras même photographier le ciel ! En pointant ton télescope vers des objets terrestres, tu constateras que l'image est à l'envers. La plupart des télescopes astronomiques inversent l'image de l'objet observé.

La lunette astronomique de Galilée

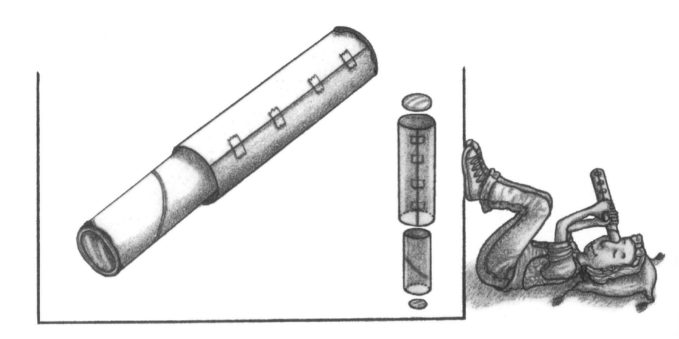

Tu connais Galileo Galilée, le célèbre mathématicien et physicien italien ? Galilée, qui vécut de 1564 à 1642, était astronome à ses heures. Pour observer le ciel, il avait fabriqué une lunette du genre de celle que tu vas construire.

Dans une maison spécialisée en matériel astronomique ou encore chez un marchand de timbres, procure-toi deux loupes dont la lentille est facile à retirer : une petite loupe de fort grossissement et une grande loupe de faible grossissement.

Prends 2 tubes de carton pouvant s'insérer l'un dans l'autre et assure-toi qu'ils coulissent facilement. Ou bien fabrique toi-même les tubes avec du carton souple et du papier collant.

Avec de la pâte à modeler, fixe la grande lentille à un bout du tube large et la petite lentille à un bout du tube étroit. Enfile les tubes l'un dans l'autre, une lentille à chaque extrémité. Fais coulisser les tubes pour t'assurer qu'il n'y a pas trop de friction.

Voilà ta lunette astronomique terminée ! Si elle est bien montée, avec de bonnes lentilles, elle te permettra de distinguer quelques cratères lunaires, les planètes et certaines étoiles doubles. Mais souviens-toi, il est très dangereux d'observer directement le Soleil avec une lunette astronomique.

Matériel

2 TUBES DE CARTON RIGIDE DE DIAMÈTRES DIFFÉRENTS (OU CARTON SOUPLE ET PAPIER COLLANT)

◆

2 LOUPES (UNE GRANDE ET UNE PETITE)

◆

PÂTE À MODELER

Je mesure l'altitude des astres

10°

Au cours de tes observations astronomiques, tu voudras parfois déterminer la position de la Lune, d'une planète ou d'une étoile dans le ciel. Cette position peut s'obtenir en mesurant l'angle de l'astre par rapport à l'horizon, c'est-à-dire son altitude. Voici une méthode simple pour estimer l'altitude de la Lune, d'une constellation ou d'une planète.

Étends un bras vers l'horizon et ferme ton poing, pouce vers le haut. Mets ton autre poing par-dessus et monte jusqu'au-dessus de ta tête, poing par-dessus poing, en comptant jusqu'à 9. Tu auras couvert un angle de 90°, c'est-à-dire environ 10° pour chaque poing. Lorsque la Lune se lève à l'horizon, son altitude est de 0°. Prends la mesure lorsqu'elle a monté dans le ciel. Pour cela, étends ton bras vers l'horizon et compte combien de poings tu empiles pour rejoindre sa hauteur dans le ciel. Compte 10° pour chaque poing. Si la Lune est à mi-chemin entre l'horizon et le point directement au-dessus de ta tête, elle a parcouru environ 45°, l'équivalent de 4 à 5 poings à partir de l'horizon. Te voilà maintenant capable de mesurer l'altitude des astres ou des constellations à différentes heures.

Si tu veux connaître la distance entre deux étoiles, procède de la même façon, mais au lieu de tes poings, prends tes doigts comme unité de mesure. Garde toujours ton bras bien tendu. La figure suivante te montre les mesures qu'on peut prendre avec les doigts. Sers-t'en pour calculer l'altitude des astres et observe les variations d'un soir à l'autre à la même heure.

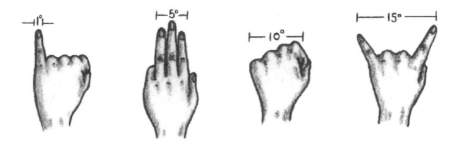

Le rapporteur d'angles

La figure suivante représente un «rapporteur d'angles», un instrument de géométrie servant à mesurer les angles, dont tu te serviras dans les prochaines activités.

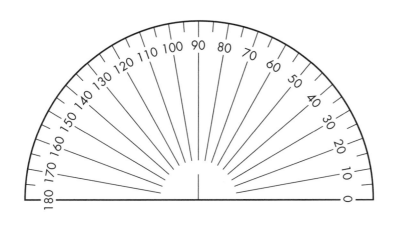

Le sextant

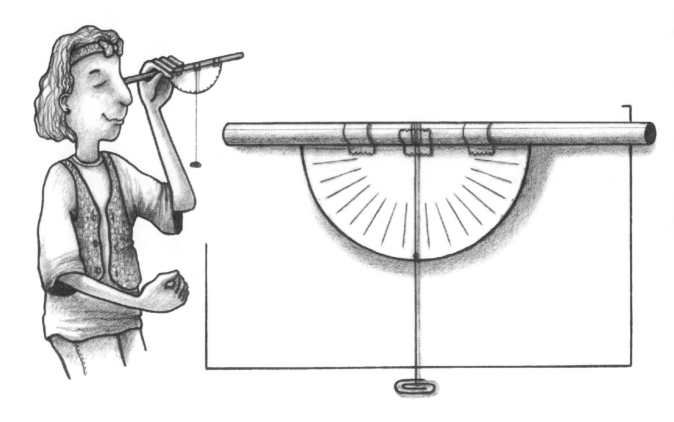

Matériel

1 RAPPORTEUR D'ANGLES
OU
1 CARTON (10 CM SUR 10 CM)

◆

CISEAUX

◆

1 FICELLE DE 20 CM

◆

1 TROMBONE

◆

1 PAILLE

◆

PAPIER COLLANT

Au cours de l'activité précédente, tu as appris à mesurer l'altitude (la hauteur) d'un astre dans le ciel par rapport à l'horizon, en te servant de ton poing comme unité de mesure. Le sextant est un instrument qui te donnera des résultats plus précis; les navigateurs l'utilisaient anciennement pour déterminer leur position.

Procure-toi un «rapporteur d'angles», cet instrument de géométrie qui sert à mesurer les angles, ou reproduis celui de la page précédente sur un carton et découpe-le. Colle une paille sur la base du rapporteur d'angles. Attache un trombone au bout d'une ficelle puis fixe l'autre extrémité de la ficelle (avec du papier collant) exactement au centre de la base du rapporteur pour que la corde, tendue par le poids du trombone, passe par 90° quand tu tiens la paille à l'horizontale.

Pour utiliser le sextant, il suffit de fixer un astre par le trou de la paille en plaçant l'angle 0° de ton rapporteur vers toi. En contemplant le ciel, tu relèveras ton instrument et la ficelle formera un angle par rapport à la paille. L'altitude de l'astre que tu observes égale 90° moins l'angle indiqué sur le sextant. Attention ! ne fixe jamais le Soleil avec ton sextant.

Le sextant-scie

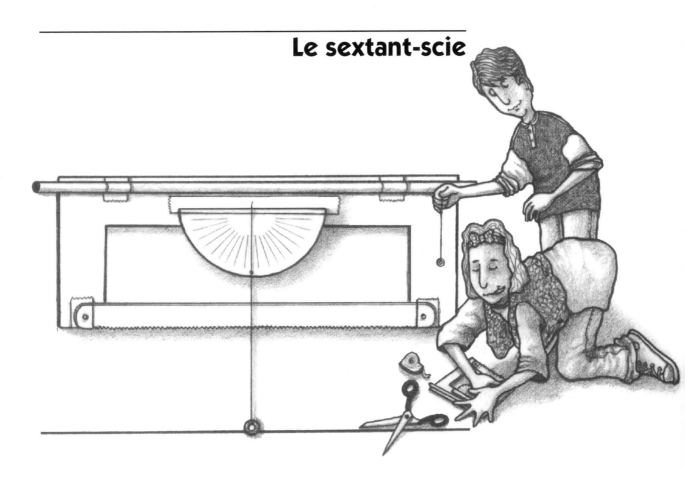

Si tu veux mesurer avec plus d'exactitude l'altitude des astres, tu peux te fabriquer un sextant plus précis.

Dans le carton découpe un «C» carré. Avec du papier collant, fixe une paille sur le dos du «C» comme le montre la figure. Colle ensuite la lame de scie aux 2 bras du «C», les dents vers l'extérieur. Puis mets en place le rapporteur d'angles en le fixant avec du papier collant dans la position indiquée sur la figure. Attache l'écrou ou la rondelle métallique à une extrémité de la corde et fixe l'autre extrémité au centre du rapporteur avec du papier collant.

Tiens le sextant au bout de ton bras, l'angle 0° vers toi, et fixe un astre dans le ciel par le trou de la paille. Ne fixe jamais le Soleil avec ton sextant ! Si tu fléchis légèrement le poignet, la corde restera coincée dans les dents de la scie, ce qui te permettra de calculer plus facilement l'altitude de l'astre que tu observes. L'altitude égale 90° moins l'angle indiqué sur le rapporteur.

Matériel

1 CARTON RIGIDE
(10 CM SUR 30 CM)

◆

CISEAUX

◆

1 PAILLE

◆

PAPIER COLLANT

◆

1 LAME DE SCIE À MÉTAUX

◆

1 RAPPORTEUR D'ANGLES

◆

1 CORDE DE 25 CM

◆

1 ÉCROU OU 1 RONDELLE
MÉTALLIQUE

LA TERRE

La Terre est la troisième planète du système solaire, après Mercure et Vénus. Son atmosphère abrite une étonnante variété de climats. La Terre est un monde couvert principalement d'eau, mais également de grandes masses continentales. Certains continents sont couverts de glaces, d'autres d'une végétation luxuriante. Plus important encore, la Terre est la seule planète à notre connaissance où la vie telle que nous la connaissons s'est développée.

L'atmosphère terrestre est unique dans le système solaire. L'air que nous respirons contient de l'azote et de l'oxygène, alors que les atmosphères de Mars et Vénus contiennent presque uniquement du dioxyde de carbone irrespirable. L'atmosphère tempère les climats terrestres en transportant la chaleur des régions tropicales vers les zones plus froides, près des pôles. Les courants océaniques jouent le même rôle.

La présence des océans a également permis l'apparition et le développement de la vie sur notre planète. Et la Terre regorge d'eau : plus de 70 % de la superficie totale de la planète en est recouverte, ce qui représente environ 360 millions de kilomètres carrés ! La Terre est la seule planète où l'eau cohabite dans ses 3 phases : solide, liquide et gazeuse. Nous devons cette chance extraordinaire au fait que la Terre soit juste à la bonne distance du Soleil. Plus près, et toute l'eau s'évaporerait; plus loin, et la Terre se couvrirait de glace!

Avec un diamètre de 12 756 km, la Terre est la plus grosse planète rocheuse du système solaire. La croûte terrestre est la partie que nous connaissons le mieux. La croûte sous les océans mesure environ 8 km d'épaisseur, alors que la croûte continentale en mesure de 20 à 70. Mais toutes

proportions gardées, la croûte est aussi mince, par rapport au diamètre de la planète, que la coquille d'un oeuf!

La majeure partie du volume de la Terre est occupée par le manteau, un peu comme le blanc de l'oeuf. Le manteau s'étend de la base de la croûte terrestre jusqu'à une profondeur de 3 000 km. Le manteau est composé de magma dont on peut à l'occasion étudier des échantillons éjectés par les volcans.

Au centre de la Terre se trouve le noyau, une région extrêmement dense qui mesure 7 000 km de diamètre. La portion extérieure du noyau est liquide, alors que le centre (environ 2 400 km de diamètre) est solidifié par la grande pression. Le noyau est principalement constitué de fer et de nickel. La température au centre du noyau est d'environ 5 000 °C.

La rotation rapide du noyau en fusion crée des courants électriques intenses au centre de la Terre. Ces courants électriques génèrent à leur tour un fort champ magnétique autour de la planète. Le noyau agit en quelque sorte comme une gigantesque dynamo.

La Terre tourne sur elle-même comme une toupie un peu penchée autour d'un axe imaginaire, l'axe des pôles. Elle prend une journée pour faire un tour complet. On appelle ce mouvement «rotation», et c'est lui qui est responsable de l'alternance du jour et de la nuit. En même temps, la Terre se déplace le long de son orbite autour du Soleil. Elle met un an pour faire une révolution autour du Soleil. C'est au cours de ce long voyage autour de notre étoile que se succèdent les saisons sur Terre.

L'inclinaison de l'axe de rotation de la Terre fait que durant quelques mois, l'hémisphère nord penche en direction du Soleil. Les rayons du Soleil en frappent alors la surface presque à angle droit. Les journées sont plus longues et il fait plus chaud : c'est l'été dans l'hémisphère nord. Au même moment, l'hémisphère sud penche dans la direction opposée au Soleil. Les rayons solaires le frappent avec un angle plus oblique. Les jours sont plus courts, et il fait froid : c'est l'hiver dans l'hémisphère sud. Six mois plus tard, la situation s'inverse : l'hiver s'installe dans l'hémisphère nord, pendant que l'été réchauffe l'hémisphère sud.

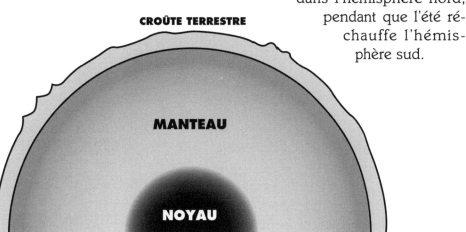

CROÛTE TERRESTRE

MANTEAU

NOYAU

Pour nous repérer à la surface de la Terre, nous utilisons deux coordonnées, la longitude et la latitude. Ces coordonnées sont mesurées par rapport à un réseau de lignes imaginaires, les parallèles et les méridiens, qui s'entrecroisent à la surface du globe.

Les méridiens sont des lignes qui relient le pôle nord au pôle sud en passant par l'équateur. Le méridien de référence passe par la ville de Greenwich, en Angleterre. Greenwich, comme toutes les villes qui sont sur le même méridien, est à la longitude zéro. La position en longitude d'un point à la surface du globe se mesure en degrés, à l'est ou à l'ouest par rapport au méridien de Greenwich. Ainsi, Montréal se trouve à 73° de longitude à l'ouest de Greenwich. Moscou est à 37° de longitude est par rapport à Greenwich.

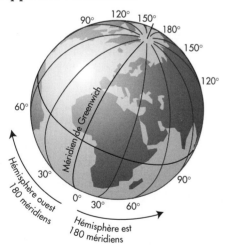

Les parallèles sont des cercles qui courent à la surface de la Terre parallèlement à l'équateur. L'équateur est un grand cercle qui divise la Terre en deux parties égales, les hémisphères nord et sud. L'équateur est à la latitude zéro.

On mesure la latitude en degrés, au nord ou au sud de l'équateur. Par exemple, Montréal est à 45° de latitude nord, tandis que Sydney, en Australie, est à 33,5° de latitude sud. Les pôles nord et sud sont à 90° de latitude. Amuse-toi à mesurer les coordonnées des grandes capitales sur un globe terrestre!

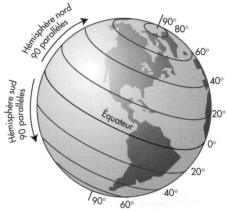

Vue de l'espace, la Terre nous apparaît comme un joyau, unique et fragile, une boule bleue perdue dans le noir de l'espace. La Terre est véritablement notre vaisseau spatial, mais un vaisseau aux ressources limitées. De la douzaine de planètes et de satellites que nous avons étudiés, la Terre est la seule propice au développement et au maintien de la vie. Malheureusement, bon nombre de nos activités quotidiennes épuisent ses ressources et dépassent les capacités régulatrices de ses écosystèmes. L'air, l'eau et le sol sont de plus en plus pollués, et nous commençons à peine à comprendre comment cette pollution nous affecte. La Terre a bien besoin que l'on s'occupe d'elle!

Il fait jour, il fait nuit

Installe une lampe sur une table au centre d'une pièce. Allume-la et fais l'obscurité ailleurs dans la pièce. Tiens-toi à quelques mètres de la lampe allumée.

Imagine un instant que la lampe est le Soleil et que tu es la Terre. Quand tu regardes la lampe, le devant de ton corps est éclairé. Il fait «jour» sur le devant de ton corps et il fait «nuit» dans ton dos. Maintenant, tourne lentement sur toi-même : tu remarqueras que l'ombre apparaît graduellement sur le devant de ton corps. Bientôt tu ne vois plus le Soleil : il fait «nuit» sur le devant de ton corps et «jour» sur ton dos. C'est ainsi que le jour et la nuit se succèdent sur la Terre. La Terre fait un tour complet sur elle-même en 24 heures. Ce mouvement de la Terre s'appelle «rotation».

Matériel

1 LAMPE

◆

1 TABLE

La Terre tourne-t-elle ?

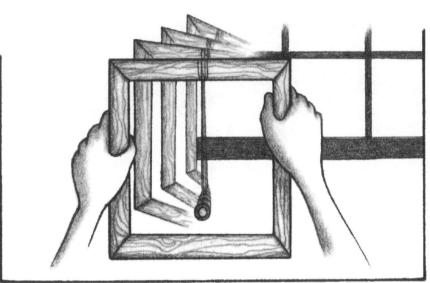

Matériel

1 VIEUX CADRE OU 1 RÈGLE

◆

1 ÉCROU SUSPENDU À
UN FIL DE 25 CM

◆

1 FIL DE NYLON FIN
D'AU MOINS 4 M

◆

1 ROCHE ASSEZ LOURDE
D'ENVIRON 5 CM

◆

PÂTE À MODELER

◆

GRANDES FEUILLES DE PAPIER

◆

1 CRAYON

Aujourd'hui, plus personne ne doute que la Terre tourne sur elle-même. Léon Foucault, un physicien français qui vécut de 1819 à 1868, fut le premier savant à faire la preuve de la rotation de la Terre grâce à une expérience simple mais convaincante. Pour cela il s'est servi d'un lourd pendule suspendu à un fil de 60 mètres de longueur.

La première partie de l'activité t'aidera à comprendre le raisonnement de Léon Foucault. Fabrique un pendule avec l'écrou et le fil de 25 cm, puis fixe le pendule au centre de la règle ou d'un côté du cadre. Voilà, ton support est prêt. Ensuite, mets-toi devant un objet fixe (par exemple, le bord d'une fenêtre) et fais osciller le pendule en direction de cet objet. Si tu fais tourner doucement le cadre ou la règle (donc tout le support) en ayant soin de ne pas gêner le mouvement du pendule, tu verras que le pendule oscille encore dans la même direction par rapport à l'objet. Le support peut même faire un tour complet sans que le mouvement du pendule change. Cette petite expérience te montre qu'un pendule oscille toujours dans la même direction, même si le système dont il fait partie (le support, ton bras, etc.) tourne autour de lui.

Été chaud, hiver froid

Matériel

ARTON (EX. : ROULEAU
PIER HYGIÉNIQUE)
◆
MPE DE POCHE
◆
DE PAPIER QUADRILLÉ
◆
HERMOMÈTRES
◆
QUES GROS LIVRES
(FACULTATIF)

Il fait plus chaud en été qu'en hiver, tout le monde sait cela ! Mais pourquoi ? Parce que la Terre est plus près du Soleil en été, comme beaucoup de gens croient ? Non, pas du tout. Dans l'hémisphère nord, c'est même plutôt le contraire : la Terre est plus près du Soleil en hiver ! En réalité, les saisons changent en fonction de l'angle des rayons du Soleil par rapport à la surface de la Terre. Les 2 parties de cette activité t'aideront à percer le mystère des saisons.

Place la feuille de papier quadrillé sur une table. Dirige les rayons lumineux de la lampe de poche à travers le tube de carton pour former un cercle parfait sur le papier quadrillé. Avec ta main, bouche l'espace entre le tube et la lampe de poche pour empêcher la lumière de se disperser. Les rayons frappent le papier à angle droit, comme les rayons du Soleil en été tombent sur les régions tempérées de l'hémisphère nord. Compte le nombre de carrés éclairés que contient le cercle de lumière. Répète l'expérience mais, cette fois, incline le tube de carton et la lampe de poche de façon à projeter sur le papier un cercle allongé : une ellipse. En hiver, les rayons du Soleil ne frappent pas l'hémisphère nord à

Dans la deuxième partie de l'activité, tu vas maintenant suivre de plus près les traces de Léon Foucault. Attache une roche au bout du long fil de nylon. Avec la roche et de la pâte à modeler, façonne une boule d'environ 8 cm. Demande ensuite à un parent de t'aider à suspendre le pendule le plus haut possible dans une pièce bien dégagée. Plus le fil sera long, meilleurs seront les résultats. La boule doit passer près du sol quand le pendule est mis en mouvement. Enfin, étends de grandes feuilles de papier sous le pendule.

Pour commencer l'expérience, donne au pendule un mouvement de balancier dans une direction bien précise. Sur le papier, trace cette direction au crayon. Laisse le pendule osciller naturellement sans intervenir. Au bout d'une quinzaine de minutes, tu remarqueras que le pendule ne suit plus le trait de crayon. Or, on l'a vu, un pendule ne change pas de direction, même si le support auquel il est accroché tourne. C'est donc la pièce qui a tourné. Et si la pièce a tourné, la Terre a tourné elle aussi.

Répétons : le pendule ne change jamais de direction, comme l'a montré l'expérience du cadre ou de la règle. Pendant le quart d'heure qu'a oscillé le pendule, c'est la Terre qui a tourné. Donc, même si tu ne t'en rends pas compte parce que tu n'as pas de point de référence, la Terre tourne et t'entraîne avec elle. Dans un avion, à moins de regarder par le hublot, on a aussi la fausse impression que rien ne bouge. Autre chose intéressante à observer : dans l'hémisphère nord, le pendule tourne dans le sens des aiguilles d'une montre. Dans l'hémisphère sud, il tournerait dans le sens contraire.

angle droit mais obliquement. Compte le nombre de carrés éclairés qui forment l'ellipse.

Cercle ou ellipse, la quantité de lumière et de chaleur passant par le tube est la même. Mais en comparant les nombres de carrés éclairés, tu constates que la lumière s'étale sur une plus grande surface dans le cas de l'ellipse.

Vérifie maintenant s'il y a moins de chaleur sur un objet incliné (comme dans le cas de l'ellipse) que sur un objet placé directement face au Soleil (comme dans le cas du cercle). Prends 2 thermomètres et assure-toi qu'ils indiquent bien la même température en les laissant ensemble au même endroit pendant quelques minutes. Fais cette expérience dehors quand le Soleil est très haut dans le ciel (vers midi). Pose un thermomètre à plat sur une table, perpendiculairement au Soleil. Place l'autre thermomètre près du premier mais dans une position très inclinée en l'appuyant sur un objet (par exemple, une pile de livres). Après une dizaine de minutes, le thermomètre placé à angle droit par rapport au Soleil devrait indiquer une température légèrement supérieure à celui qui est incliné.

Autrement dit, pendant la saison chaude, les rayons solaires frappent notre pays presque à angle droit. Les rayons sont donc plus concentrés. À la saison froide, ils sont moins concentrés parce qu'ils arrivent obliquement. Pour mieux comprendre la succession des 4 saisons, poursuis tes observations avec l'activité suivante.

Le défilé des saisons

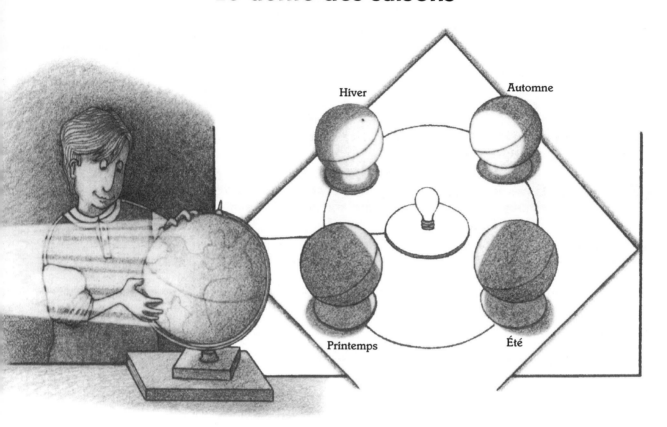

Matériel

1 PUNAISE

◆

1 CRAYON

◆

1 FIL DE 55 CM DE LONGUEUR

◆

1 CARTON (1 M SUR 1 M)

◆

1 PETITE LAMPE DE TABLE
OU
1 LAMPE DE POCHE

◆

1 GLOBE TERRESTRE SUR PIED

◆

QUELQUES LIVRES (FACULTATIF)

En même temps qu'elle tourne sur elle-même, la Terre tourne autour du Soleil. Ce mouvement de la Terre autour du Soleil s'appelle «révolution». En tournant autour du Soleil, la Terre suit une trajectoire à peu près circulaire nommée «ellipse». C'est pendant son parcours autour du Soleil que se manifestent les saisons.

À l'aide de la punaise, du fil et du crayon, trace un cercle à partir du centre du grand carton. Sur chaque côté du carton, écris dans l'ordre autour du cercle et dans le sens inverse des aiguilles d'une montre : «été», «automne», «hiver» et «printemps». Dispose le carton sur une table, les côtés parallèles aux murs de la pièce. Place la lampe au centre du carton. Le globe terrestre doit être à la même hauteur que l'ampoule de la lampe. Au besoin, installe-le sur une pile de livres.

L'été (21 juin)

Pose le globe terrestre devant toi sur le cercle, vis-à-vis de «été». Incline le pôle Nord de ton globe vers le mur qui te fait face, de l'autre côté de la lampe. Au cours de cette activité, l'axe des pôles devra toujours pointer dans cette direction. C'est le pôle Nord céleste.

Repère ton pays et oriente-le vers la lumière en faisant tourner le globe sur son axe. En été, les rayons du Soleil atteignent l'hémisphère nord presque à angle droit. Le Soleil est haut dans le ciel et il fait chaud dans tous les pays de l'hémisphère nord.

L'automne (21 septembre)

Pose maintenant le globe sur le cercle vis-à-vis de «automne». Incline le globe dans la même direction que tout à l'heure, celle qui représente le pôle Nord céleste. Repère ton pays sur le globe et oriente-le vers la lumière. Tu remarqueras que, sauf à l'équateur, les rayons du Soleil atteignent la Terre avec un angle oblique. Dans l'hémisphère nord, il fait donc un peu plus froid.

L'hiver (21 décembre)

Place le globe terrestre devant le mot «hiver» sur le cercle. Incline le globe encore une fois en direction du pôle Nord céleste, et oriente ton pays vers la lumière. Cette fois-ci, tu vois que les rayons du Soleil atteignent l'hémisphère nord avec un angle très incliné. C'est l'hiver. (À la même date, dans l'hémisphère sud, c'est l'été car le Soleil y est haut dans le ciel.)

Le printemps (21 mars)

Enfin, dépose le globe devant «printemps» et incline-le en direction du pôle Nord céleste. Oriente ton pays vers la lumière. L'automne est arrivé dans l'hémisphère sud alors que c'est le printemps dans l'hémisphère nord, où les températures se réchauffent.

Comme la Terre est ronde, les rayons qu'émet le Soleil ne peuvent pas arriver à angle droit sur toute sa surface en même temps. À cause de la courbure de la surface de notre planète, ils frappent à angle droit certaines régions et plus ou moins obliquement ailleurs. En résumé, lorsque c'est l'hiver au nord, c'est l'été au sud, et vice-versa.

Plate ou ronde ?

Matériel

1 GROS BALLON
(ENVIRON 50 CM)
OU 1 GROS GLOBE
TERRESTRE GONFLABLE

◆

1 TABLE

◆

1 PETIT JOUET

Quand on regarde à l'horizon, la Terre nous semble plate. Dans la rue, on a bien l'impression de marcher sur une surface plate. Mais les apparences sont parfois trompeuses ! Grâce à une petite expérience, tu t'apercevras que la Terre est bien ronde.

Pose un petit jouet sur une table et regarde-le, la tête couchée sur le côté. Déplace lentement le jouet devant ton oeil : tu vois qu'il a toujours la même forme mais qu'il te paraît plus gros près de ton oeil, et plus petit lorsqu'il est plus loin.

Pose maintenant un gros ballon (ou un gros globe terrestre) sur la table. Dépose le petit jouet dessus et appuie ta tête sur le ballon, ton oeil collé à la surface. Déplace lentement le jouet sur le ballon. En l'éloignant de ton oeil, tu le vois disparaître. Quand tu le rapproches, il réapparaît... le dessus en premier.

As-tu remarqué que, près de ton oeil, la surface du ballon te semble presque plate ? Pourtant, si tu t'éloignes du ballon, il te semble bien rond. C'est la même chose pour la Terre. Vue du sol, la Terre nous semble plate. Mais de loin, on constate qu'elle est ronde, comme l'ont montré les photos prises par les satellites.

La prochaine fois que tu iras à la mer, observe les gros bateaux qui apparaissent à l'horizon. Tu verras, le mât ou la cheminée devient visible avant la coque !

Merci Ératosthène !

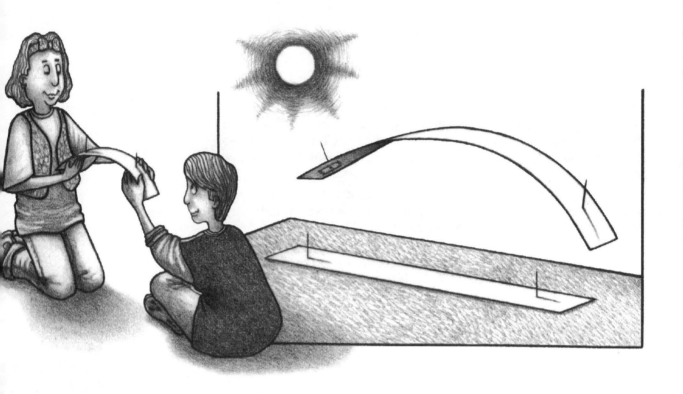

Matériel

2 ÉPINGLES DROITES

◆

1 BANDE DE CARTON SOUPLE
(1 CM SUR 30 CM)

◆

1 SURFACE PLANE OU 1 TABLE

◆

PAPIER COLLANT

As-tu déjà entendu parler d'Ératosthène, ce savant qui fut le premier à prouver que la Terre est ronde ? Ératosthène vécut de 276 à 194 avant Jésus-Christ à Alexandrie, une ville au nord de l'Égypte. C'était un homme très curieux. Un jour, il lut qu'à Syène, loin au sud, les objets ne projetaient pas d'ombre le 21 juin à midi. Autrement dit, ils se trouvaient exactement au-dessous du Soleil. Ératosthène eut alors la brillante idée de vérifier si le même jour et à la même heure, le phénomène pouvait s'observer à Alexandrie. À sa grande surprise, il se rendit compte que non ! À Alexandrie, les objets projetaient une ombre à midi. Voici comment cette simple observation amena Ératosthène à déduire que la Terre est ronde.

Enfonce une épingle droite à chaque extrémité de la bande de carton. Colle la tête des épingles sur le carton avec du papier collant pour les maintenir bien droites. Par une journée ensoleillée, va dehors et pose la bande de carton, la pointe des épingles en l'air, sur une surface plane ou une table. Tu vois que les ombres projetées par les épingles sont de même longueur. Et même si tu déplaces la bande de carton sur la table, les deux ombres restent pareilles. Comment faire alors pour qu'au même moment de la journée deux objets identiques donnent des ombres différentes ? Si l'on pouvait mettre une grande distance entre les épingles, on y arriverait, tu ne crois pas ? Comme on ne peut pas, essaie plutôt le petit truc imaginé par Ératosthène.

Courbe la bande de carton et tu t'apercevras que l'ombre des épingles change de longueur. Maintenant, courbe-la pour qu'une des épingles projette de l'ombre et l'autre, presque pas. Voilà, tu viens de réaliser une version simplifiée de l'expérience d'Ératosthène. L'illustre savant avait raisonné que la Terre ne pouvait pas être plate puisque le même jour et à la même heure, l'ombre des objets différait dans deux villes éloignées l'une de l'autre. La Terre était donc «courbée» entre les deux villes !

LA LUNE

Maintenant que nous avons bien étudié notre planète, nous voilà fin prêts à partir pour un long voyage qui nous amènera aux confins de l'Univers. Notre premier objectif: la Lune!

La Lune est le seul satellite naturel de la Terre. Elle est environ 4 fois plus petite et 1,5 fois moins dense que la Terre. Sa gravité ne représente qu'un sixième de la gravité terrestre, ce qui signifie que sur la Lune, tu serais 6 fois moins lourd que sur la Terre. Voilà une cure d'amaigrissement efficace!

La Lune tourne autour de la Terre sur une orbite en forme de cercle légèrement aplati que l'on nomme ellipse. La distance moyenne entre la Terre et la Lune est 385 000 km. Si tu voulais te rendre sur la Lune en automobile, en roulant à 100 km/h, il te faudrait un peu plus de 160 jours!

Les astronautes américains qui ont exploré la surface de la Lune voyageaient heureusement beaucoup plus vite; il ne leur a fallu que quelques jours pour l'atteindre. En tout, 12 hommes ont foulé le sol lunaire et rapporté sur Terre de précieux échantillons de roche que les savants étudient encore aujourd'hui. Sur la Lune, il n'y a ni atmosphère ni eau. La température monte à 117 °C le jour, mais dès que la nuit tombe, elle chute à -163 °C. Sans leurs scaphandres, les astronautes n'auraient jamais pu survivre dans un tel environnement.

Les phases de la Lune

La Lune est, après le Soleil, le corps céleste le plus lumineux. La Lune est tellement brillante qu'on peut même l'apercevoir en plein jour! Mais contrairement au Soleil, la Lune ne produit pas sa propre lumière. Elle réfléchit vers nous la lumière du Soleil, comme un gigantesque miroir suspendu dans le ciel.

Il y a toujours une moitié de la Lune éclairée par le Soleil, et une autre plongée dans l'ombre. Le phénomène des phases de la Lune n'a donc rien à voir avec la façon dont le Soleil éclaire la Lune. Les phases sont plutôt le résultat de la façon dont nous voyons, de la Terre, la surface éclairée de la Lune.

Puisque nous ne voyons que la partie de la Lune qui réfléchit vers nous les rayons du Soleil, et que la Lune se déplace autour de la Terre sur son orbite, nous voyons la portion éclairée de la surface lunaire sous différents angles. Vue de la Terre, cette portion change de forme, d'aspect. C'est ce qui donne naissance aux phases de la Lune. Le cycle des phases lunaires, qui dure 29 1/3 jours, s'appelle une lunaison (voir l'activité *Les phases lunaires).*

La face cachée de la Lune

Si tu observes la Lune souvent, tu remarqueras bientôt que, même si la phase de la Lune change, nous voyons toujours la même face tournée vers la Terre. Ce fait s'explique de la façon suivante: la Lune tourne sur elle-même dans le même temps et dans le même sens que son mouvement de révo-

Une partie de la face cachée de la Lune

lution autour de la Terre. Quand elle fait un quart de tour sur elle-même, elle parcourt également le quart de son orbite autour de la Terre.

Le résultat, c'est que la même portion de la surface lunaire est constamment tournée vers la Terre. Il y a donc une face de la Lune que nous ne voyons jamais de la Terre: c'est la face cachée de la Lune. Il a fallu attendre les vols des premières sondes spatiales qui se sont placées en orbite autour de la Lune pour enfin voir des images de la mystérieuse face cachée de notre satellite.

La surface lunaire

Observer la Lune à l'oeil nu ou à l'aide de jumelles ou d'un petit télescope est une activité passionnante. On distingue facilement 2 types de surfaces sur la Lune: des régions claires, formées de montagnes et de cratères, et d'autres plus sombres et uniformes, que l'astronome italien Galilée a baptisées «mers». Galilée croyait qu'il s'agissait véritablement d'océans à la surface de la Lune. On sait aujourd'hui qu'il n'en est rien, mais la tradition a fait en sorte qu'on continue à appeler ces régions les mers lunaires.

«Ruisseau» Hadley, plaines, montagnes et cratères sur la Lune

Les «mers» couvrent environ un tiers de la face visible de la Lune, mais sont à peu près absentes de la face cachée. Ce sont de vastes étendues planes recouvertes d'une fine poussière grise. Elles ont probablement été créées par de la lave provenant d'anciens volcans. Les mers portent des noms qui rappellent l'eau : marais, lacs, baies, océans, etc.

Les deux tiers de la surface lunaire sont recouverts de hauts plateaux, des régions fortement accidentées où se retrouvent de nombreuses chaînes de montagnes et une multitude de cratères de toutes tailles. Certaines chaînes de montagnes sont aussi hautes que sur Terre. Elles sont intéressantes à observer, en particulier à cause des ombres qu'elles projettent sur la surface.

Les cratères ont été creusés lors de la collision de météorites ou de comètes avec la surface de la Lune. Au moment de l'impact, le projectile s'enfonce sous la surface et se vaporise. Il s'ensuit une explosion qui creuse un profond cratère et projette dans toutes les directions des roches qui peuvent retomber à de grandes distances du point d'impact. Ces roches forment parfois des rayons brillants autour des plus gros cratères. Certains de ces cratères font plus de 300 km de diamètre !

En l'absence d'atmosphère et d'eau, les effets de l'érosion sont presque nuls sur la Lune. La surface lunaire change donc très peu avec le temps. Seul l'impact des météorites et le bombardement intense par la lumière solaire modifient peu à peu le relief. Mais c'est un processus très long : les traces de pas laissées sur la Lune par les astronautes des missions Apollo seront encore visibles dans plusieurs millions d'années !

Les phases lunaires

Pour comprendre le phénomène des phases lunaires, installe-toi dans une pièce obscure. Place le projecteur de diapositives ou la lampe de poche sur un meuble ou une étagère. Assure-toi que la source de lumière se trouve à peu près à la hauteur de tes yeux. Enfile la boule de polystyrène au bout d'un bâtonnet ou d'un crayon. Mets-toi face à la lumière et tiens la boule devant toi au bout de tes bras, légèrement plus haut que ta tête.

Le cycle des phases commence à la nouvelle Lune, lorsque la Lune (la boule de polystyrène) se trouve dans la même direction que le Soleil dans le ciel. Sa surface éclairée te tourne alors complètement le dos. La moitié de la Lune tournée vers la Terre (ta tête) ne reçoit pas de lumière : elle est donc invisible de la Terre.

Tourne lentement sur toi-même vers la gauche en maintenant la boule devant toi. Bientôt, tu verras apparaître un mince croissant de lumière sur la Lune. La Lune est alors visible au-dessus de l'horizon ouest, en début de soirée, mais elle se couche peu de temps après le Soleil. Continue à tourner dans le même sens. En réalité, le croissant grandit et devient une demi-lune au

Matériel
1 PROJECTEUR DE DIAPOSITIVES OU UNE LAMPE DE POCHE
◆
1 BOULE DE POLYSTYRÈNE (10 CM)
◆
1 BÂTONNET OU 1 CRAYON

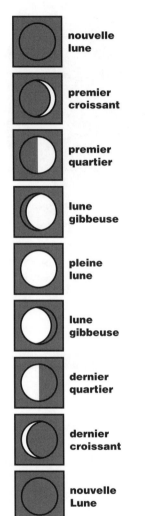

nouvelle lune

premier croissant

premier quartier

lune gibbeuse

pleine lune

lune gibbeuse

dernier quartier

dernier croissant

nouvelle Lune

bout d'une semaine. C'est le premier quartier. Tu vois à ce moment exactement la moitié de la portion de la surface lunaire éclairée par le Soleil. Le premier quartier est visible toute la soirée au sud-ouest et se couche vers minuit.

Lorsque tu tournes complètement le dos à la source de lumière, toute la surface de la Lune qui te fait face est éclairée par le Soleil. Elle a continué de croître pour devenir, au bout d'une autre semaine, la pleine Lune. Toute sa surface éclairée est alors tournée vers la Terre. La pleine Lune se lève au coucher du Soleil et est visible jusqu'à l'aube.

Continue de tourner et tu verras la Lune se mettre à décroître. Dans le ciel elle forme de nouveau une demi-lune, le dernier quartier, au bout de la troisième semaine. Cette phase est plus difficile à observer, puisque le dernier quartier de Lune se lève vers minuit. Mais il est encore visible à l'aube en direction sud, même après le lever du Soleil.

Avant de disparaître complètement, la Lune présentera un croissant de plus en plus mince, visible à l'est juste avant le lever du Soleil. Puis, au cours des quelques nuits suivantes, la Lune sera invisible : c'est à nouveau la nouvelle Lune. Un cycle complet de phases dure 29 1/3 jours. C'est ce qu'on appelle une lunaison.

Truc n° 1 : Comment savoir si la Lune croît ou décroît en la regardant ? Regarde si sa forme te fait penser à un «p» ou à un «d» minuscule. Si tu vois un «p», c'est qu'elle est dans son premier quartier, donc elle croît. Si tu vois un «d», c'est qu'elle est dans son dernier quartier, donc elle décroît.

premier quartier

dernier quartier

Truc n° 2 : Comment savoir où est le Soleil par rapport au croissant de Lune ? Imagine que la Lune est un arc. Si tu tires une flèche avec cet arc, elle atteint toujours le Soleil ! Le Soleil est toujours dans la direction indiquée par la flèche.

Simulation d'une éclipse de Lune

Avec le même matériel, tu peux simuler une éclipse de Lune. Tourne le dos à la lampe ou au projecteur. (Rappelle-toi que la boule au bout de ton crayon représente la Lune, la lampe le Soleil, et ta tête, la Terre.) Tiens la boule dans une position où elle est obscurcie par l'ombre de ta tête. Tu viens de simuler une éclipse de Lune. Il s'agit d'une éclipse totale si l'ombre de la Terre couvre entièrement la Lune, et d'une éclipse partielle si elle la couvre seulement en partie.

Calendrier lunaire

Une autre façon d'observer une lunaison est de se fabriquer un calendrier lunaire. Avec le crayon blanc, trace un cercle pointillé au centre de chacun des cartons noirs en te servant du gros bouton. À l'aide du poinçon, perce 2 trous au sommet de chacun des cartons pour y passer les anneaux métalliques. Fabrique le support du calendrier avec le carton rigide (10 cm sur 24 cm) que tu plieras en deux. Perce 2 trous près du pli pour les anneaux. Ensuite, découpe dans le papier de bricolage plusieurs cercles jaunes de la grosseur du bouton.

Consulte le calendrier pour connaître la date de la nouvelle Lune. Un jour ou deux après la nouvelle Lune, commence tes observations. Tu vois le mince croissant qui se couche au crépuscule ? Prends un cercle jaune et découpe un petit croissant de la même forme que celui de la Lune, puis colle-le sur un des cartons noirs dans le cercle pointillé. Essaie, en disposant les pointes du croissant, de reproduire l'orientation de la Lune telle que tu l'as observée dans le ciel. Répète l'opération tous les jours sur un nouveau carton noir jusqu'à ce que la Lune ne soit plus visible en soirée. À l'époque du dernier quartier de Lune, fais tes

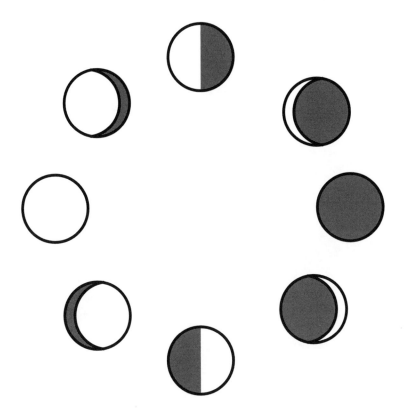

observations tôt le matin. Si tu veux, colle sur des cartons bleus les croissants de Lune que tu as vus de jour, ce qui te permettra de savoir au premier coup d'oeil quand la Lune a été visible de jour au cours de cette lunaison.

Derrière chacun des cartons, note la date, l'heure et la position de la lune dans le ciel. Détermine son altitude (sa hauteur) soit par la méthode du poing (voir p. 16) ou à l'aide du sextant (voir p. 18). Note également si elle était visible à l'est, au sud ou à l'ouest.

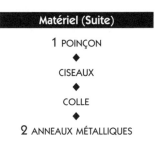

Matériel (Suite)

1 POINÇON
◆
CISEAUX
◆
COLLE
◆
2 ANNEAUX MÉTALLIQUES

Les enfants du ciel

dernier quartier ¦ premier quartier

Matériel

1 PAIRE DE JUMELLES
◆
CARTE DE LA LUNE

Galilée fut le premier savant à observer minutieusement la Lune. Il crut y apercevoir des mers, des montagnes et des cratères. Fais tes observations de préférence pendant le premier quartier ou à la pleine Lune. Tu remarqueras des zones sombres ; on les appelle des mers. Depuis toujours, les humains ont l'impression de reconnaître des figures dans ces taches. Par exemple, avec un peu d'imagination, tu pourras reconnaître un petit garçon dans le premier quartier lunaire. Avec des jumelles, essaie de distinguer sa forme. Regarde bien l'illustration et trouve :

- sa tête et son chapeau : la Mer de la Sérénité (A) et le Lac des Songes (A');

- son corps : la Mer de la Tranquillité (B) (c'est là que les premiers humains ont aluni) ;

- ses jambes : la Mer du Nectar (C) et la Mer de la Fécondité (D);

- son seau : la Mer des Crises (E) (une tache sombre isolée derrière le garçon).

Sur la Lune, il y a aussi des montagnes et des cratères. Les montagnes sont habituellement très éclairées. C'est près du terminateur, c'est-à-dire de la limite séparant la partie éclairée de la partie obscure de la Lune, qu'on distingue le plus aisément le relief des montagnes. Ces chaînes de montagnes ont toutes des noms empruntés à ceux des chaînes de montagnes terrestres. Celle qui se trouve entre les jambes du petit garçon s'appelle les Pyrénées tandis que les Alpes se trouvent sur sa tête. Les cratères, quant à eux, sont des cavités rondes. Ils portent tous des noms de savants et de philosophes célèbres. Les deux cratères situés au-dessus de la tête du garçon s'appellent Eudoxe (du nom d'un savant qui croyait que la Terre était située au centre de l'Univers) et Aristote (grand philosophe grec).

Au dernier quartier ou à la pleine Lune, tu pourras peut-être distinguer une autre forme humaine, celle d'une petite fille. Elle est plus difficile à repérer. Observe bien le dessin suivant et braque tes jumelles sur la Lune. Tu verras :

- sa tête penchée vers le bas : la Mer des Pluies (a);
- sa robe étalée derrière elle : l'Océan des Tempêtes (b);
- ses petites jambes : la Mer des Humeurs (c) et la Mer des Nuées (d).

Pour t'aider à retenir les noms de mers du dernier quartier, rappelle-toi qu'elles ont toutes des noms qui ont rapport à l'humidité ! Après les mers, les cratères. Celui de Copernic te paraîtra sans doute le plus intéressant, car il est gros. Cherche-le de préférence au début du dernier quartier. Il se trouve presque au centre de la Lune, au sud de la mer des Pluies, devant la tête inclinée de la petite fille.

Pour en savoir davantage, consulte une carte détaillée de la Lune. Assure-toi de bien l'orienter car ces cartes se présentent souvent avec le pôle Nord en bas, c'est-à-dire de la façon dont on aperçoit la Lune à travers un télescope.

LE SOLEIL

Le Soleil règne en maître absolu sur notre coin d'Univers. Il contient à lui seul plus de 99 % de toute la masse du système solaire. C'est lui qui permet et maintient la vie sur Terre. Mais aussi brillant qu'il puisse paraître, le Soleil n'est qu'une étoile perdue parmi les centaines de milliards d'autres étoiles de notre galaxie, la Voie Lactée. Classé dans la catégorie des naines jaunes, le Soleil est une étoile typique et, somme toute, bien ordinaire.

Mais c'est quand on le compare à son cortège de planètes que le Soleil redevient un géant : il faudrait aligner 109 planètes de la taille de la Terre pour égaler son diamètre! Son volume contiendrait facilement 1 300 000 planètes comme la nôtre! Le Soleil est une immense boule de gaz chaud, constitué principalement d'hydrogène et d'hélium, les deux éléments les plus abondants de l'Univers.

La température à la surface du Soleil atteint 6 000 °C, mais augmente au fur et à mesure que l'on s'enfonce vers le coeur. Au centre du Soleil, la température frôle les 16 millions de degrés Celsius!

La surface du Soleil présente un grand nombre de phénomènes intéressants. Les taches solaires sont des régions légèrement plus froides que le reste (5 000 °C au lieu de 6 000 °C...). Il s'y produit généralement des explosions violentes qui projettent dans l'espace des quantités impressionnantes de matière brûlante. Ces éruptions peuvent s'élever jusqu'à des centaines de milliers de kilomètres au-dessus de la surface du Soleil.

Le nombre de taches sur la surface solaire ainsi que le nombre et l'intensité des éruptions solaires atteint un maximum tous les 11 ans. L'apparition des taches et le cycle de 11 ans paraissent reliés de près aux perturbations du champ magnétique du Soleil.

Taches solaires sur le Soleil

La lumière qui nous parvient du Soleil est si intense qu'elle peut brûler la rétine des yeux. Il ne faut donc jamais regarder le Soleil directement à l'oeil nu ou à l'aide de jumelles ou d'un télescope! On peut par contre admirer sans danger dans un arc-en-ciel les différentes couleurs qui composent la lumière blanche du Soleil. En traversant les fines gouttelettes de pluie, les rayons de lumière sont séparés en leurs composantes colorées. Celles-ci nous apparaissent alors côte à côte dans l'arc-en-ciel.

La couleur bleue du ciel est elle aussi reliée à la décomposition de la lumière solaire lorsqu'elle pénètre dans l'atmosphère. Toutes les couleurs de l'arc-en-ciel, sauf le bleu, atteignent la surface de la Terre sans problème. Mais le bleu rebondit sur les molécules et les atomes de l'air et se disperse dans tous les sens. Le bleu semble donc venir de toutes les directions du ciel à la fois. C'est pourquoi, peu importe la direction dans laquelle on regarde, le ciel est bleu! Le ciel n'a pas la même couleur sur toutes les planètes : sur Vénus, il est jaunâtre, alors que sur Mars, il est plutôt rosé. Sur la Lune, où il n'y a pas d'atmosphère, le ciel est noir.

Le cadran solaire

En tournant sur elle-même en 24 heures, la Terre nous entraîne tour à tour du côté nuit et du côté jour. Le mouvement d'est en ouest du Soleil, de la Lune et des étoiles à travers le ciel est donc une illusion due à notre propre mouvement : ce n'est pas le ciel qui tourne autour de la Terre, mais bien la Terre — et nous avec elle — qui tourne sur elle-même.

Cependant, le mouvement apparent du Soleil dans le ciel peut nous aider à déterminer l'heure de la journée, le moment de l'année, même les points cardinaux!

Le spectre solaire

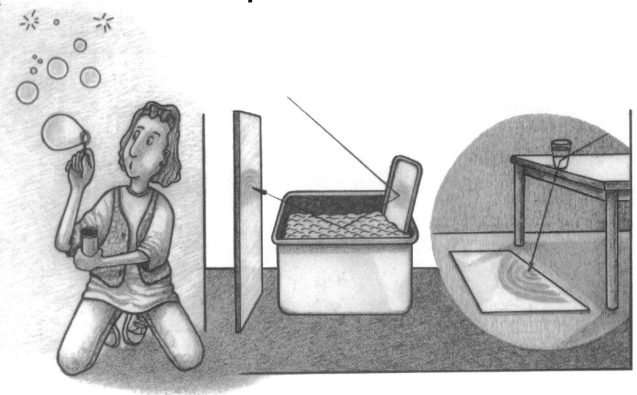

Tu sais que le Soleil produit de la lumière, mais sais-tu que celle-ci est composée de plusieurs couleurs ? Newton a fait cette découverte en 1669. Il a été le premier à décomposer la lumière en ses principaux éléments : le violet, le bleu, le vert, le jaune, l'orange et le rouge. Dans les deux parties de cette activité, tu en feras autant.

Place un récipient d'eau en plein soleil. Contre une des parois du récipient, appuie un miroir partiellement immergé dans l'eau. Installe le carton blanc face au miroir, à l'extérieur du récipient. Incline le miroir jusqu'à ce qu'apparaisse sur le carton une bande colorée, le «spectre lumineux».

Voici un autre moyen facile d'obtenir un spectre lumineux. Remplis un verre d'eau. Le soir ou le matin, quand le Soleil est près de l'horizon, pose le verre sur le bord d'une table ou d'une fenêtre exposée au Soleil. Fais-le dépasser un peu du bord, du côté de la pièce. Dépose un grand carton blanc sur le sol au pied de la table ou de la fenêtre. La lumière solaire, en traversant l'eau, dessinera sur le carton un arc-en-ciel. Ce phénomène est causé par la réfraction de la lumière dans l'eau à travers laquelle passent les rayons lumineux.

Tu peux observer les différentes couleurs de l'arc-en-ciel de bien d'autres façons : sur des bulles de savon, sur les vitres...

J'observe les taches solaires

Le comptage et le repérage des taches solaires (voir p. 44) est une activité fort intéressante même si elle exige parfois beaucoup de patience. Avec un peu de chance, tu pourras repérer plusieurs taches si tu étales tes observations sur une longue période. Souviens-toi qu'il peut s'écouler des jours ou des semaines entre les moments où les taches sont visibles.

Place les jumelles sur le bord d'une fenêtre et oriente-les vers le Soleil. Bouche un des objectifs. Attention, ne regarde jamais le Soleil avec les jumelles. Place plutôt ta main derrière l'un des oculaires (petites lentilles) et cherche l'orientation exacte des jumelles qui fera apparaître un cercle de lumière sur ta main. Lorsque tu auras capté la lumière, place un miroir derrière l'oculaire et, avec ce miroir, dirige l'image du Soleil sur un mur ou un carton blanc pour l'agrandir. Tu verras mieux si la pièce est obscure. La Terre continue à tourner pendant que tu observes le Soleil, ce qui t'obligera à ajuster souvent l'orientation des jumelles et du miroir.

Le nombre de taches solaires augmente et diminue selon un cycle d'activité d'environ 11 ans. En 1985-1986, il était à son minimum. En 1990-1991, les taches visibles ont atteint leur nombre maximum et on a pu en voir plusieurs par jour sur le Soleil. Le prochain sommet d'activité est prévu pour 2001.

Matériel

1 PAIRE DE JUMELLES

◆

1 MIROIR

◆

1 CARTON BLANC (FACULTATIF)

Trajectoire apparente du Soleil

La Terre tourne sur elle-même. Mais ne dirait-on pas que c'est le Soleil qui tourne, se déplaçant d'est en ouest au-dessus de nous ? Dans l'activité suivante, tu pourras suivre la trajectoire apparente du Soleil dans le ciel.

Dessine le contour rond de la passoire sur une feuille blanche. Plie le cercle en deux en t'assurant que les demi-cercles coïncident parfaitement. Plie-le ensuite dans un autre sens. Le point de rencontre des deux plis est le centre du cercle.

Dehors, par une belle journée ensoleillée, dépose la passoire à l'envers sur le tour du cercle. Fixe-la avec du papier collant. Elle ne doit pas bouger. Le papier doit rester immobile lui aussi par rapport aux points cardinaux. Suppose maintenant que l'intérieur de la passoire est le ciel au-dessus de ta tête. À une heure précise de la journée (par exemple, à 10 h), promène la tête d'une épingle sur la passoire et trouve le point où son ombre coïncide avec le centre du cercle. Sur ce point, pique l'épingle à travers la passoire. Répète ce petit jeu toutes les heures avec d'autres épingles. Le soir, leur alignement sur la passoire représentera la trajectoire apparente du Soleil dans le ciel. En réalité, c'est la Terre qui tourne sur elle-même vers l'est. En faisant cette expérience en été et en hiver, tu t'apercevras que le Soleil ne suit pas la même trajectoire dans le ciel.

Observation d'une éclipse de Soleil

Durant sa révolution autour de la Terre, il arrive que la Lune passe devant le Soleil. Il se produit alors une éclipse totale ou partielle du Soleil, selon que le Soleil est caché entièrement ou en partie par la Lune.

Il ne faut jamais observer une éclipse solaire à l'oeil nu. Même avec des verres fumés, tu pourrais t'abîmer gravement la vue !

Prends un long tube ou fais-en un en collant bout à bout plusieurs petits rouleaux de carton. Plus le tube sera long, plus l'image du Soleil sera grande. Ferme une extrémité du tube avec du papier d'aluminium et du papier collant. Au centre, perce un petit trou.

Exerce-toi à observer le Soleil avec ton instrument. Ne regarde jamais directement le Soleil par le trou ! Mets-toi dos au Soleil, le tube sur l'épaule, le bout en aluminium en arrière. De l'autre main, tiens un carton blanc devant toi. Oriente le tube pour que l'image du Soleil frappe le carton blanc à travers le trou. Tu peux aussi prendre un morceau de carton à la place du tube. Perce-le d'un trou et cherche à obtenir le même résultat en tenant tes deux cartons à bout de bras.

Matériel

1 LONG TUBE DE CARTON
(ENVIRON 1 M) OU
1 MORCEAU DE CARTON
◆
1 CARTON BLANC
◆
1 ÉPINGLE
◆
PAPIER D'ALUMINIUM
◆
PAPIER COLLANT

Une éclipse de soleil comme au cinéma

L'éclipse est un phénomène astronomique spectaculaire qui, de tout temps, a frappé l'imagination des hommes. Voici comment reproduire les phases d'une éclipse solaire comme si tu la voyais au cinéma !

Dans un des cartons noirs, perce bien au centre un trou de 5 cm de diamètre. Tu y arriveras en traçant d'abord une croix qui divise le carton en 4 sections égales. Ensuite, prends l'autre carton noir et trouve le milieu de sa largeur. À partir de ce point, trace une ligne au crayon pour diviser le carton en 2 parties égales. Le long de cette ligne, perce avec l'épingle une trentaine de petits trous distants de 1 cm.

Maintenant, tu dois représenter la Lune et le Soleil. Pour la Lune, fabrique avec de la pâte à modeler une boule d'environ 3 cm de diamètre et fixe-la au bout du bâtonnet. Installe la Lune sur une base faite elle aussi de pâte à modeler.

Pour le Soleil, une lampe électrique placée sur une chaise fera très bien l'affaire. Fixe sur le bord de la table le carton percé du grand trou. La lumière du Soleil passera au travers. Pose le

carton percé de petits trous devant la Lune à l'autre bout de la table; il servira d'écran. Tu peux maintenant observer le déroulement complet d'une éclipse de Soleil par ces petits trous.

Faisons du cinéma !

D'abord, ajuste la position de ton modèle de Lune sur la table. Repère dans la ligne de petits trous celui du centre et regarde la Lune par ce trou. Il faut que la Lune, vue de ce trou, cache complètement la lumière du Soleil et, en même temps, qu'elle la cache à peine quand tu regardes par le trou le plus à gauche. En collant ton oeil successivement à chacun des trous, dans un sens ou dans l'autre, tu verras les principales phases d'une éclipse solaire. Si tu vas assez vite, tu auras l'impression d'être au cinéma !

Matériel (Suite)

1 LAMPE ÉLECTRIQUE MUNIE D'UNE AMPOULE EN VERRE DÉPOLI (MAX. 25 W)

◆

1 TABLE ET 1 CHAISE

◆

PAPIER COLLANT

Les horloges à énergie solaire !

Depuis toujours, les hommes ont cherché à mesurer le temps. Déjà en 2000 avant Jésus-Christ, on se fiait aux dimensions et à la position de l'ombre des objets ou des monuments pour mesurer le temps dans la journée. Le cadran solaire est sans doute, de cette époque révolue, l'appareil de mesure du temps le mieux connu.

Il existe plusieurs types de cadrans solaires, qui tous donnent l'heure approximative. Aucun n'est aussi précis que ta montre à quartz. Cependant, même avec leur marge d'erreur de plus ou moins 15 minutes, ces cadrans peuvent te rendre service dans la vie de tous les jours. Alors vas-y, amuse-toi à fabriquer des horloges, des montres ou des cadrans !

Le T égyptien

Vers l'an 1000 avant Jésus-Christ, les Égyptiens utilisaient un instrument en forme de «T» pour connaître l'heure. Pour savoir comment ils s'en servaient, rien de tel que de t'en fabriquer un !

Dans une feuille de carton, taille un T de 14 cm de haut. La barre et le corps du T ont 2 cm dans la partie étroite. La barre a 10 cm de longueur. À 2 cm de la barre, plie le T à 90°. Mets-le sur une surface horizontale, la barre dos au Soleil. La barre fera une ombre sur le corps du T. Consulte ta montre et, sur le coup de chaque heure, marque au crayon la limite de l'ombre sur le corps du T. Ce cadran solaire rudimentaire n'est utilisable qu'en été. En hiver, à cause de l'inclinaison de la Terre, le Soleil est beaucoup trop bas.

Le piquet-horloge

Dans un endroit exposé au soleil, plante le piquet bien droit dans le sol. Sur le coup de chaque heure de la journée (9 h, 10 h...), enfonce un pieu au bout de l'ombre projetée par le piquet. Écris l'heure sur le pieu.

Tu viens de fabriquer une grosse horloge solaire, un instrument imaginé par les Anciens et qu'on appelle «gnomon». En grec, ce mot veut dire «celui qui sait». Dans un gnomon, le piquet qui projette son ombre porte le nom de «style».

Le lendemain ou dans les jours qui suivent, observe ton piquet-horloge. Plusieurs fois, détermine l'heure qu'il est puis vérifie-la sur ta montre. Tu constateras que l'ombre la plus courte de la journée est marquée par le pieu du centre. Ce pieu indique l'heure solaire réelle du milieu de la journée, c'est-à-dire midi. Si tu as dressé ton piquet-horloge en été, il est fort probable que ce pieu indique 13 h. La raison en est simple : dans notre pays, on avance nos montres d'une heure entre avril et octobre pour profiter d'une plus longue période d'ensoleillement en soirée. Tes pieux indiquent donc l'heure avancée, soit une heure de plus que l'heure solaire. Tu peux aussi indiquer en rouge l'heure solaire sur tes pieux, en soustrayant une heure à chacun.

Le mini-cadran

Rien de plus simple que de fabriquer ton propre «mini-cadran». Sur la feuille de papier, trace au crayon le contour du flacon puis découpe le petit cercle que tu as dessiné. Plie-le en deux. Déplie-le et replie-le dans un autre sens de façon à repérer le centre. Place ton demi-cercle de papier sur celui de la figure de la page suivante même si le tien est plus petit que celui de la figure. Avec un crayon, reporte chacune des lignes de la figure sur ton demi-cercle. Inscris les heures.

Déplie le cercle de papier et colle-le dans le fond du couvercle du flacon. Attends que la colle sèche. Par l'extérieur du couvercle, enfonce une épingle droite jusqu'au bout; elle doit transpercer le cercle de papier en son centre. Assure-toi que l'épingle reste bien droite et remets le couvercle sur le flacon.

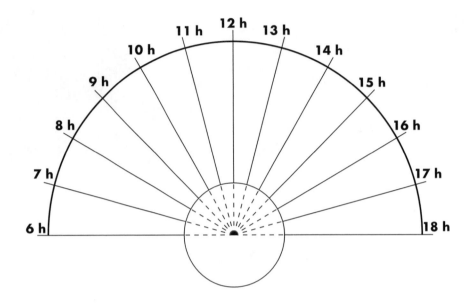

Maintenant, comment vas-tu lire l'heure sur le mini-cadran ? Pose le flacon à l'envers sur le bord d'une fenêtre exposée au soleil, et oriente la ligne de 12 h vers le nord : l'ombre de l'aiguille t'indiquera l'heure solaire pendant la journée (voir l'activité *Le piquet-horloge*). Si tu ignores où est le nord, tiens-toi face à l'ouest, où se couche le Soleil; le nord sera à ta droite. À quelle heure solaire te lèveras-tu demain ?

Ma montre solaire est un pendentif !

Voici une montre solaire facile à fabriquer. Sur le carton carré, mesure 1,5 cm sur les 2 côtés d'un angle droit et fais une marque au crayon. Relie les 2 marques par une ligne droite pour former un triangle. Plie le carton sur la ligne que tu viens de tracer; le coin sera relevé en pointe. À midi, heure solaire (voir l'activité *Le piquet-horloge*), pose le carton à plat sur une table, le coin relevé face au Soleil (au sud). Le coin relevé projette une ombre triangulaire sur le carton. Fais une marque juste à la pointe de l'ombre et inscris 12 h. Une heure plus tard, oriente à nouveau le coin relevé vers le sud, marque la pointe de l'ombre triangulaire et inscris l'heure. Répète l'opération toutes les heures. Trace des lignes allant du coin de l'angle plié vers chacune des heures.

En perçant un petit trou dans le carton dans l'angle opposé à la pointe relevée, tu pourras suspendre la montre pendentif à ton cou. Pour la consulter, tiens-la au creux de ta main, la pointe relevée tournée vers le sud.

Matériel
1 CARTON (5 CM SUR 5 CM)
◆
CRAYON
◆
RÈGLE
◆
CORDE DE 30 CM
◆
MONTRE

LES PLANÈTES

Lorsque les premiers humains levèrent les yeux au ciel, ils virent d'abord une multitude d'étoiles scintillantes qui paraissaient fixes et immuables. Mais en observant le ciel plus attentivement, ils s'aperçurent que certaines étoiles bougeaient par rapport aux autres. Elles semblaient errer à travers le ciel de manière capricieuse et imprévisible. Ce comportement étrange incita les Grecs de l'Antiquité à leur donner le nom de *planêtês*, un mot qui signifie vagabonds. Ces astres vagabonds sont les planètes...

À la découverte des planètes

En comptant la Terre, il y a 9 planètes en orbite autour du Soleil, dont 5 seulement sont visibles à l'oeil nu. Ce sont Mercure, Vénus, Mars, Jupiter et Saturne. Uranus, Neptune et Pluton sont trop éloignées et trop peu brillantes pour être visibles à l'oeil nu. Il faut des télescopes relativement puissants pour les repérer, mais même dans ce cas, les images restent floues.

Voici un truc pour te souvenir de l'ordre des planètes, de la plus proche à la plus éloignée du Soleil. Retiens bien cette phrase : **M**erveilleuse **V**énus, **T**u **M**'as **J**eté **S**ur **U**ne **N**ouvelle **P**lanète. La première lettre de chaque mot est aussi la première lettre du nom des planètes, dans le bon ordre. Vérifie, tu verras ! Ou encore, invente ta propre phrase.

Mercure

Mercure est la planète la plus rapprochée du Soleil. C'est une petite planète à peine plus grosse que notre Lune. Parce qu'elle ne possède pas d'atmosphère, rien ne tempère les écarts de température entre son côté tourné vers le Soleil et son côté nuit. Ainsi, lorsque le Soleil brille dans le ciel de Mercure, la température au sol atteint 425 °C. Mais dès que la nuit tombe, la température chute à 200 °C sous zéro ! Cet écart de température est le plus important de tout le système solaire.

Vénus, la planète la plus proche de la Terre, lui ressemble de bien des façons. Vénus et la Terre ont à peu près le même diamètre, la même composition chimique, et toutes deux possèdent une atmosphère. Mais si la Terre est un paradis où la vie s'est développée, Vénus est un véritable enfer : à la surface de Vénus, la température atteint 460 °C, beaucoup plus chaud que dans un four où on fait cuire

Vénus

des biscuits ! L'atmosphère de Vénus est composée presque exclusivement de dioxyde de carbone, et il pleut en permanence des gouttelettes d'acide sulfurique concentré. Vénus est loin d'être un endroit accueillant !

La Terre

De l'autre côté de la Terre, on trouve Mars, la planète rouge. Mars est environ 2 fois plus petite que la

Mars

Terre. Elle possède 2 satellites et une mince atmosphère irrespirable de dioxyde de carbone. Il fait plutôt froid sur Mars : -140 °C en moyenne. En 1976, deux sondes spatiales américaines, les Viking 1 et 2, se sont posées à la surface de Mars. On espérait découvrir des formes de vie, même microscopiques, mais les sondes n'ont rien détecté. Il n'y a décidément pas de «petits bonhommes verts» sur Mars !

Au-delà de l'orbite de Mars, nous pénétrons dans le domaine des planètes géantes gazeuses Jupiter, Saturne, Uranus et Neptune...

Contrairement à Mercure, Vénus, la Terre et Mars, qui sont des planètes terrestres sur lesquelles nous pourrions marcher, les géantes gazeuses sont, comme leur nom l'indique, d'immenses boules de gaz. Elles sont constituées presque exclusivement d'hydrogène et d'hélium. Impossible donc de se poser à la surface de ces mondes étranges.

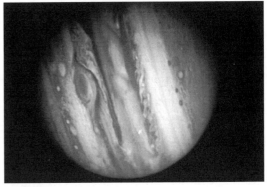
Jupiter

La géante Jupiter est la plus grosse planète du système solaire. Elle occupe 1 400 fois le volume de la Terre et 2,5 fois celui de toutes les autres planètes réunies. Entourée d'un impressionnant cortège de 16 satellites et d'un mince anneau, elle est véritablement la reine des planètes. Des sondes spatiales nous ont montré des bandes de couleur, des nuages et des cyclones qui tourbillonnent dans son atmosphère. Une de ces tempêtes est la grande tache rouge, un cyclone assez grand pour contenir 3 fois la Terre et qui souffle dans l'atmosphère de Jupiter depuis plus de 300 ans!

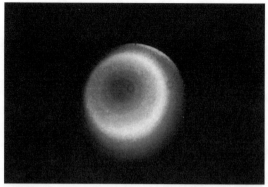
Uranus

Saturne

Saturne, la seconde géante gazeuse, a un diamètre près de 10 fois supérieur à celui de la Terre. Ses superbes anneaux en font la plus belle planète du système solaire. Et elle possède 18 lunes! Les anneaux de Saturne sont une collection de débris de roche givrés et de glaces en orbite. Ils s'étendent sur des dizaines de milliers de kilomètres, mais dépassent rarement 1 000 mètres d'épaisseur.

Saturne est la dernière des planètes visibles à l'oeil nu. Les 3 planètes qui suivent, Uranus, Neptune et Pluton, étaient donc inconnues des Anciens. Uranus n'a été découverte qu'en 1781, Neptune en 1846 et Pluton en 1930.

Uranus est une planète terne, constamment recouverte d'une épaisse

brume de méthane. Contrairement à la plupart des autres planètes, l'axe de rotation d'Uranus est très incliné : au lieu de tourner autour du Soleil comme une toupie, Uranus semble rouler le long de son orbite comme un baril! Grâce à la sonde américaine Voyager 2, passée près d'Uranus en 1986, nous savons qu'Uranus possède 15 satellites et une dizaine d'anneaux composés de particules plus noires que du charbon.

Neptune

Neptune, la dernière des géantes gazeuses, est beaucoup plus intéressante que sa jumelle Uranus. Les photos prises par la sonde Voyager 2 en 1989 ont révélé dans son atmosphère une grande tache bleue, un cyclone semblable à la grande tache rouge de Jupiter. On a également mesuré dans l'atmosphère de Neptune des vents soufflant à plusieurs milliers de kilomètres à l'heure, les plus rapides de tout le système solaire. Neptune possède 8 satellites naturels au total, ainsi qu'un système d'anneaux minces et sombres.

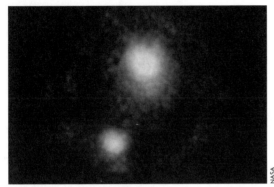

Pluton et son satellite Charon

Pluton, la dernière planète du système solaire, est aussi la plus petite: notre Lune est plus grosse que Pluton! Contrairement aux géantes gazeuses, Pluton est une planète solide, composée à parts égales de roche et de glace. On sait depuis quelques années qu'elle possède un satellite, Charon, qui demeure toujours au-dessus du même point de la surface de Pluton.

L'observation des planètes

Quand on observe le ciel, il est facile de confondre les étoiles et les planètes. Pourtant, ce sont des objets fort différents! Les étoiles sont d'immenses boules de gaz chaud qui produisent leur propre lumière. Les planètes sont des objets plutôt froids qui ne font que réfléchir vers nous la lumière qu'elles reçoivent du Soleil. Les étoiles sont situées à des distances inimaginables de la Terre, alors que les

planètes sont relativement proches de nous. Il existe une façon assez simple de les différencier à l'oeil nu: les étoiles scintillent, alors qu'en règle générale, les planètes scintillent peu ou pas du tout.

On peut diviser les planètes en 2 groupes, selon que leurs orbites sont situées à l'intérieur ou à l'extérieur de l'orbite de la Terre. Mercure et Vénus appartiennent au premier groupe, alors que Mars, Jupiter et Saturne appartiennent au second.

Mercure et Vénus sont des planètes intérieures parce que leurs orbites sont contenues à l'intérieur des limites de l'orbite terrestre. Cela signifie que, vues de la Terre, elles ne s'éloignent jamais beaucoup du Soleil. C'est pourquoi Mercure et Vénus ne sont visibles qu'au crépuscule, après le coucher du Soleil,

ou à l'aube avant son lever. Tu ne verras jamais ces planètes dans le ciel à minuit!

Mercure est très difficile à observer, parce que très proche du Soleil. La plupart du temps, elle est tout juste visible au-dessus de l'horizon et elle se perd dans la lueur du Soleil. Vénus, par contre, est très facile à repérer. C'est la planète la plus brillante du ciel. À certaines périodes, elle est visible au sud-ouest après le coucher du Soleil. Ce sera d'ailleurs la première «étoile» à s'allumer dans le ciel du soir. À d'autres périodes, on l'aperçoit au sud-est avant le lever du Soleil.

Mars, Jupiter et Saturne sont des planètes extérieures, leurs orbites étant à l'extérieur de l'orbite terrestre. Ces planètes se retrouvent parfois dans la direction opposée au Soleil vues de la Terre. Elles sont alors visibles toute la nuit. C'est le meilleur moment pour les observer.

Mars est facilement reconnaissable à son éclat rouge-orange caractéristique. Mais c'est une petite planète, si bien qu'il te faudra un télescope puissant pour observer les détails de sa surface. Ce n'est pas le cas de Jupiter. À l'aide de jumelles ou à travers un télescope, on distingue 4 lunes en orbite autour de la géante, et même des bandes sombres dans son atmosphère. Ces quatre lunes — Io, Europe, Ganymède et Callisto — ont été découvertes par l'astronome italien Galilée au début du 17e siècle. En les observant régulièrement, tu remarqueras qu'elles se déplacent de part et d'autre de Jupiter.

Saturne est la dernière planète visible à l'oeil nu, mais c'est une des plus belles à observer à travers un télescope. À l'oeil nu, elle brille d'un éclat jaune orangé. Au télescope, on découvre son magnifique système d'anneaux, une image à couper le souffle!

Étant donné qu'elles se déplacent constamment sur leurs orbites, les planètes n'apparaissent pas toujours dans la même région du ciel à un moment donné de l'année. Pour savoir où elles se trouvent, tu devras consulter des journaux spécialisés ou des revues d'astronomie, ou encore visiter un planétarium. Tu pourras également te procurer un annuaire astronomique, ou mieux encore, devenir membre d'un club d'astronomes amateurs. Il en existe sûrement un dans ta région. Informe-toi!

LES ÉTOILES ET LES CONSTELLATIONS

Savais-tu que les étoiles qu'on voit dans le ciel la nuit ressemblent toutes à notre Soleil ? Il en existe des centaines de milliards rien que dans notre galaxie ! Nous ne voyons à l'oeil nu que les plus brillantes et les plus proches de la Terre. Par une nuit claire, tu peux en voir presque 3 000 !

Une fois que nos yeux se sont habitués à l'obscurité, nous pouvons même distinguer leur couleur : rouge, orange, jaune, bleue, blanche. La couleur des étoiles trahit la température de leur surface. Les plus chaudes sont blanches et bleues, alors que les rouges sont les plus froides. Les étoiles jaunes, comme notre Soleil, ont des températures moyennes.

À 150 millions de km de la Terre, le Soleil est l'étoile la plus proche. Il n'est ni la plus grosse ni la plus brillante étoile de la Voie Lactée. Certaines étoiles parmi les plus importantes, les supergéantes, ont un diamètre 400 fois plus grand que celui du Soleil.

À l'autre extrême, on trouve les naines rouges. Certains cadavres stellaires, comme les naines blanches, les étoiles à neutrons et les trous noirs ont des rayons encore plus petits, mais ce ne sont plus des étoiles à proprement parler.

L'étoile la plus proche du Soleil est alpha du Centaure. Elle est située à un peu plus de 4 années-lumière de nous.

Une année-lumière est la distance que franchit la lumière en 1 an à la vitesse de 300 000 km/sec. Une année-lumière correspond à 10 000 milliards de kilomètres; alpha du Centaure est donc à 40 000 milliards de kilomètres du Soleil. Sirius, l'étoile la plus brillante du ciel, est située à 9 années-lumière de la Terre. L'étoile la plus lointaine encore visible à l'oeil nu est à environ 1 500 années-lumière de nous. Pour observer les étoiles plus éloignées, il faut utiliser un télescope.

La distance qui nous sépare des étoiles est si grande qu'elles sont à toutes fins pratiques fixes les unes par rapport aux autres. On peut même se les représenter comme des luminaires suspendus à l'intérieur d'une immense sphère centrée sur la Terre. C'est du moins de cette façon que les premiers astronomes imaginaient le ciel.

Nos lointains ancêtres ont voulu se retrouver dans ce qui leur semblait un véritable fouillis d'étoiles. Pour cela, ils ont inventé les constellations. Ils ont relié entre elles les étoiles brillantes d'une même région du ciel pour créer des figures, de la même façon que tu relies des points numérotés sur une feuille de papier pour faire apparaître un dessin. Les Anciens ont donné à ces figures les noms de leurs dieux, de leurs héros ou de leurs animaux mythiques. Bon nombre de constellations rappellent une légende, ce qui fait souvent dire que le ciel est le plus vieux livre de contes de l'humanité.

D'une culture à l'autre, les humains ont découpé et décoré le ciel à leur façon, pour honorer leurs divinités et leur histoire. C'est pourquoi les constellations que les Chinois ou les Incas ont inventées n'ont pas grand chose à voir avec les nôtres. De toute façon, on ne peut pas dire que la plupart des constellations ressemblent beaucoup à l'animal ou au personnage qu'elles sont censées représenter ! Il y a

cependant des exceptions. Les constellations du Scorpion ou du Lion, par exemple, sont vraiment ressemblantes.

Certaines constellations visibles seulement depuis l'hémisphère sud ont été baptisées par les explorateurs européens du 16e et du 17e siècles. Elles ne reflètent plus la tradition mythologique mais les préoccupations des navigateurs : ce sont la Boussole, le Sextant, etc. D'autres rendent hommage aux premiers instruments scientifiques : le Télescope, le Microscope, la Machine Pneumatique. Il existe en tout 88 constellations qui couvrent l'ensemble de la sphère céleste.

Certains regroupements d'étoiles brillantes ne sont pas des constellations à proprement parler, mais dessinent tout de même dans le ciel des figures faciles à reconnaître. C'est le cas de la casserole, dans la Grande Ourse, ou du Triangle d'été. Ces regroupements d'étoiles, que l'on nomme astérismes, sont de précieux aide-mémoire pour les astronomes.

Le chapitre suivant t'aidera à te familiariser avec les principales constellations. Le livret des étoiles, en particulier, te sera très utile. Pour apprendre à reconnaître plus rapidement les constellations, amuse-toi à les reproduire de mémoire. Lorsque tu sortiras pour observer les étoiles, commence à scruter le ciel tôt en soirée, avant qu'il ne fasse complètement noir. Comme les étoiles brillantes s'allument une à une, tu t'initieras aux secrets du firmament petit à petit. Si tu t'y mets tard en soirée, tu risques d'avoir du mal à trouver des points de repère parmi la myriade d'étoiles scintillantes!

Commence par apprendre à reconnaître les constellations qui sont visibles toute l'année au-dessus de l'horizon nord, celles qui se trouvent à proximité du pôle Nord céleste. Tu t'apercevras ensuite que, d'une saison à l'autre, différentes constellations traversent le ciel d'est en ouest dans la partie sud du ciel.

C'est parce que la Terre est en orbite autour du Soleil que l'aspect du ciel change d'une saison à l'autre. De notre position sur Terre, nous ne pouvons pas voir les étoiles qui se trouvent derrière le Soleil, dans la même direction que lui dans le ciel. Il faudrait pouvoir observer ces étoiles en plein jour, et le ciel bleu nous en empêche. Nous ne voyons que les étoiles qui se trouvent du côté nuit de la Terre, dans la direction opposée au Soleil.

Six mois plus tard, la Terre se trouve de l'autre côté du Soleil. Les étoiles qui étaient invisibles six mois plus tôt brillent maintenant dans le ciel nocturne. Par contre, celles qui étaient visibles auparavant sont dans la même direction que le Soleil, et donc invisibles.

Les constellations qui sont situées à proximité du pôle Nord céleste sont visibles tout au long de l'année parce qu'elles sont situées loin au-dessus du plan de l'orbite de la Terre autour du Soleil. Peu importe la saison, ces constellations sont visibles la nuit. Ce sont les constellations circumpolaires. Ce chapitre t'aidera à les reconnaître, de même que les constellations visibles à chaque saison.

L'atlas du ciel

Devine ce qu'est un cherche-étoiles... Eh oui ! c'est un guide des étoiles. Il illustre la partie visible du ciel nocturne pour chaque jour de l'année. Vraiment très commode pour un apprenti-astronome !

Tu peux facilement te procurer un cherche-étoiles dans une librairie ou une boutique spécialisée en astronomie. Tu peux aussi confectionner ton propre atlas du ciel avec les douze illustrations des pages suivantes. Elles montrent l'aspect du ciel à 21 h (heure normale) au début de chaque mois à la latitude de 45° nord. Seules les étoiles les plus brillantes y figurent. Si tu as l'occasion d'observer le ciel d'un lieu très sombre, tu verras beaucoup d'étoiles qui ne sont pas représentées ici. En ce cas, il te faudra un cherche-étoiles plus détaillé pour les identifier.

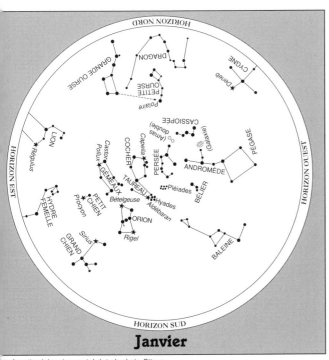

Janvier

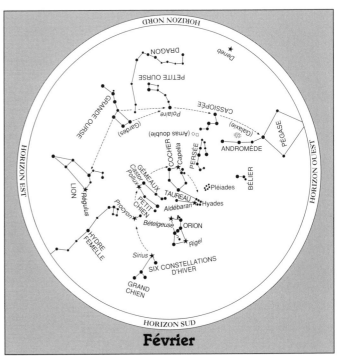

Février

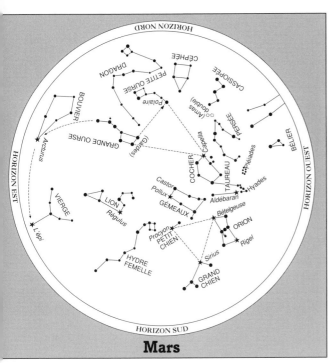

Mars

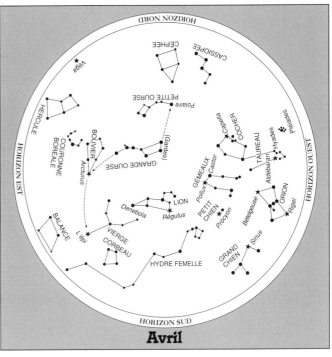

Avril

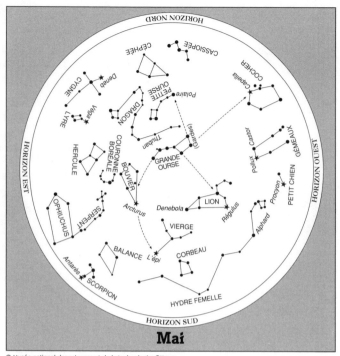

Mai

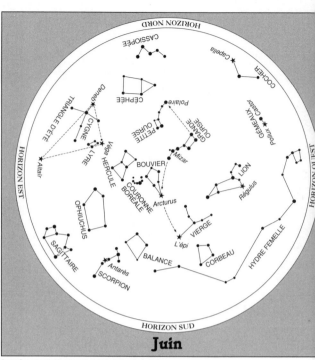

Juin

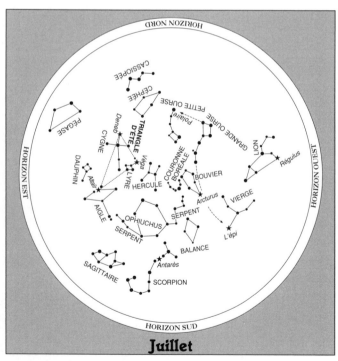

Juillet

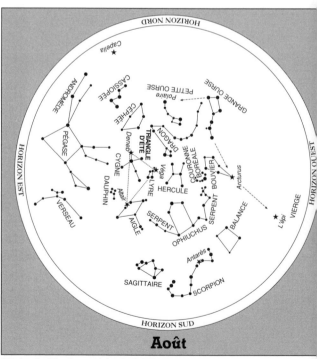

Août

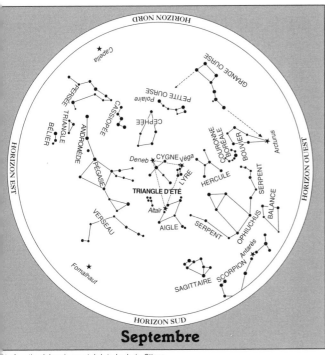

Septembre

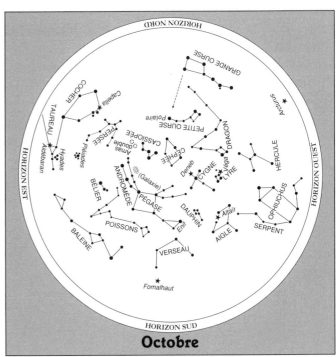

Octobre

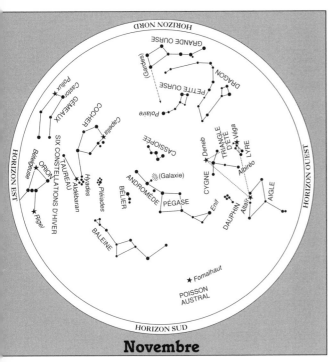

Novembre

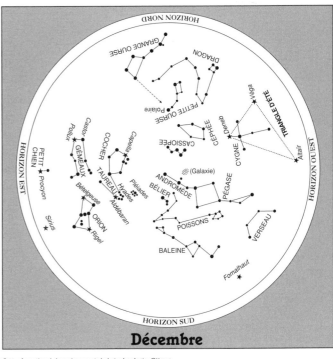

Décembre

Les visionneuses à constellations

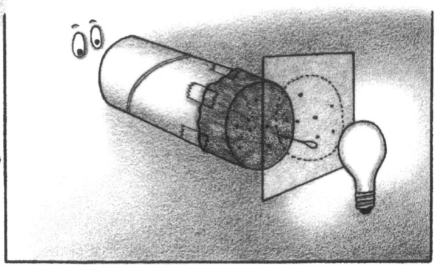

Comment fait-on pour mémoriser le nom des constellations et les reconnaître dans le firmament ? En fabriquant des visionneuses à constellations ! Tu auras besoin d'un tube de carton (rouleau de papier hygiénique) pour chacune des constellations qui t'intéressent.

Décalque sur une feuille de papier les étoiles d'une constellation illustrée sur la page suivante. Ensuite, découpe un morceau de papier d'aluminium un peu plus grand que le diamètre du tube et fixe-le sur une extrémité du tube avec un élastique ou du papier collant. L'aluminium doit être bien tendu. Place le côté dessiné de ta feuille contre le papier d'aluminium. Avec une aiguille, fais des trous vis-à-vis des étoiles en perçant aussi l'aluminium. Inscris le nom de la constellation sur le tube et observe-la en dirigeant le tube vers une source lumineuse. Ne fixe jamais directement le Soleil avec ta visionneuse !

Si tu veux, tu peux reproduire aussi des constellations que tu auras trouvées dans d'autres livres. Assure-toi que ton dessin est toujours un peu plus petit que le diamètre du tube de carton.

À la place des tubes de carton, tu peux utiliser de vieux cadres de diapositives. Insère dans le cadre un morceau de carton noir découpé aux bonnes dimensions. Reproduis la constellation en perçant avec l'aiguille des petits trous vis-à-vis des étoiles. Maintenant, invite tes camarades à une séance de diapositives ou à un concours d'identification des constellations !

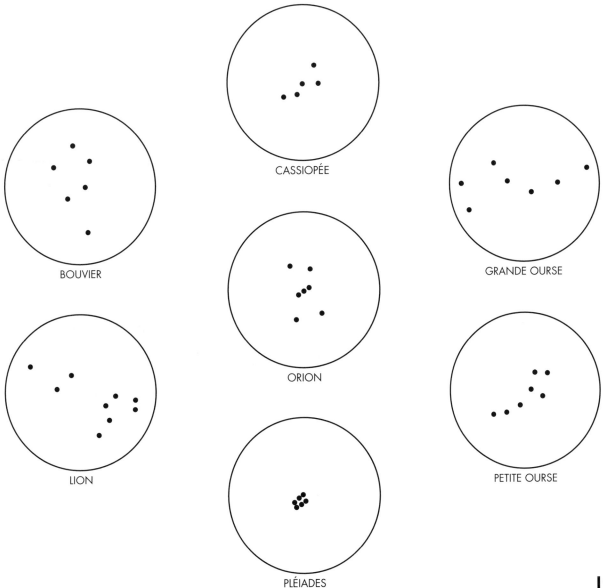

CASSIOPÉE

BOUVIER

GRANDE OURSE

ORION

LION

PETITE OURSE

PLÉIADES

Un ciel étoilé dans ta chambre

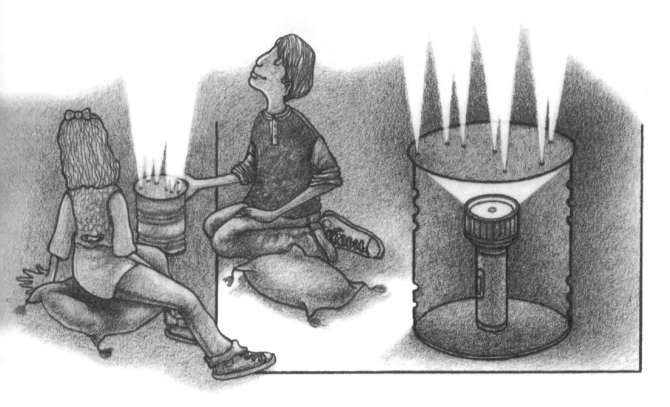

Matériel

1 BOÎTE DE CONSERVE

◆

1 LAMPE DE POCHE

◆

1 OUVRE-BOÎTE

◆

1 CRAYON

◆

CARTON

◆

CISEAUX

◆

1 AIGUILLE

Voici un type de visionneuse qui te permet d'observer des constellations dans ta chambre !

Trouve une boîte de conserve vide assez grande pour y introduire une lampe de poche. Enlève le fond de la boîte avec un ouvre-boîte. Dans du carton épais, découpe des disques 1 cm plus grands que le diamètre de la boîte. Ensuite, sur chaque disque, reproduis une constellation à la main. Tu trouveras les illustrations nécessaires plus loin dans le livre. Tu pourrais te servir de disques blancs pour les constellations d'hiver, de disques rouges pour celles de l'automne, etc. Perce des trous dans le carton vis-à-vis des étoiles. Inscris le nom de la constellation sur le disque.

Pour utiliser la visionneuse, mets une lampe de poche allumée dans la boîte de conserve, la lumière vers le haut. Pose le disque de ton choix sur la boîte. Amuse-toi à projeter sur le plafond de ta chambre les constellations que tu as fabriquées. Voilà une bonne façon de te familiariser avec les constellations de chaque saison. (Nous te les présenterons en détail plus loin.)

Mon planétarium personnel

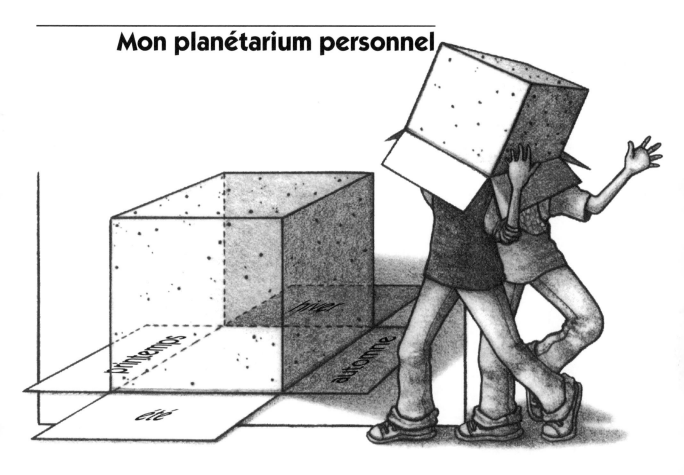

Pour apprendre à reconnaître les principales constellations visibles au fil des saisons, construis ton propre planétarium.

Consulte le livre pour trouver la carte des constellations visibles durant chaque saison. Au crayon feutre noir, reproduis sur du papier à une échelle plus grande (c'est-à-dire dans un plus grand format) chacune de ces constellations.

Prends ensuite une grosse boîte de carton et pose-la sur le sol, l'ouverture vers le bas. Tu représenteras les principales constellations de chaque saison sur les 4 faces de la boîte (dans le sens contraire des aiguilles d'une montre) et les constellations circumpolaires sur le fond. Disons que tu commences par l'hiver. Dispose ton dessin des principales constellations d'hiver sur une face extérieure de la boîte, le côté dessiné contre la boîte. Perce les «trous d'étoiles» dans le papier et le carton avec un clou. Enlève la feuille. Tu peux maintenant dessiner les constellations sur la face intérieure de la boîte en reliant les trous. Recommence l'opération pour les 3 autres faces et le fond de la boîte. Inscris sur chaque face le nom de la saison représentée.

Maintenant, mets ta tête à l'intérieur de la boîte et admire le ciel étoilé qui t'attend à chaque saison.

Matériel
GRANDES FEUILLES DE PAPIER
◆
1 CLOU
◆
1 CRAYON FEUTRE NOIR
◆
1 GROSSE BOÎTE DE CARTON PLUS OU MOINS CARRÉE

Le paraplanétarium !

Matériel

1 VIEUX PARAPLUIE FONCÉ

◆

ÉTOILES BRILLANTES
AUTOCOLLANTES

◆

1 CARTE DES CONSTELLATIONS
CIRCUMPOLAIRES

Voici une façon amusante de te fabriquer un mini-planétarium : ce ciel simplifié t'aidera à comprendre pourquoi les étoiles ont l'air de se déplacer le soir.

Ouvre ton vieux parapluie foncé et colle l'étoile Polaire en plein centre sur la toile, là où les baleines rencontrent le manche du parapluie. Vu la petite surface de la toile, tu ne pourras représenter que quelques constellations. Regarde la carte du ciel qui illustre les constellations circumpolaires et repère la Grande Ourse (la grande casserole). Avant de coller ses étoiles, prends soin de bien l'orienter par rapport à l'étoile Polaire. Continue avec Cassiopée : dessine en étoiles son «M» ou «W». Pour Céphée, à côté de Cassiopée, décris la forme d'une maison. Si tu veux reproduire le Dragon, cherche le bout de sa queue entre la Grande Ourse et l'étoile Polaire.

Même si la Terre tourne sur elle-même, l'étoile Polaire, qui est juste au-dessus de son axe de rotation, semble immobile dans le ciel. Les constellations avoisinantes, elles, semblent tourner autour de l'étoile Polaire à mesure que la nuit avance. Pour simuler ce phénomène, tourne lentement le manche du parapluie dans le sens inverse des aiguilles d'une montre et remarque le mouvement des constellations. Ce mouvement n'est bien sûr qu'apparent : en réalité, c'est la Terre qui tourne autour de son axe.

L'OBSERVATION DES CONSTELLATIONS CIRCUMPOLAIRES

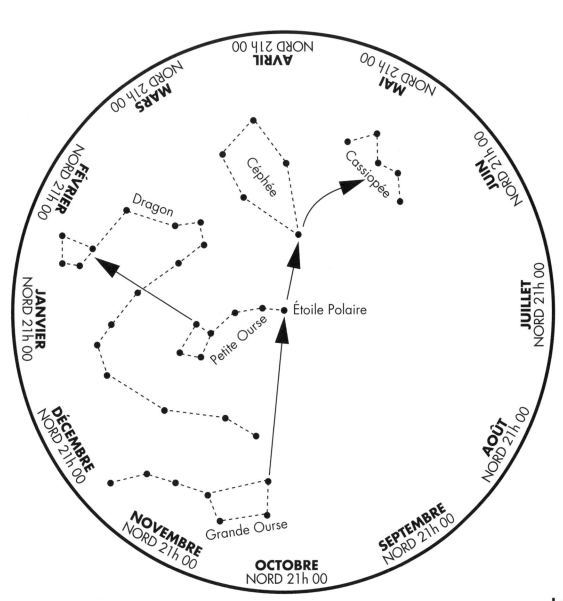

La Terre tourne sur elle-même autour d'un axe pointé vers l'étoile Polaire. Si tu lèves les yeux vers le pôle Nord céleste, tu apercevras en toute saison les mêmes étoiles et les mêmes constellations. Celles-ci sont présentes toute l'année dans le ciel du nord, même pendant le jour! On les appelle les constellations circumpolaires.

Les indications suivantes t'aideront à reconnaître les principales constellations visibles dans le ciel boréal, c'est-à-dire le ciel de l'hémisphère nord. Familiarise-toi avec l'aspect des constellations suivantes: la Grande Ourse, la Petite Ourse, Céphée, Cassiopée et le Dragon. Ensuite, tente de les trouver dans le ciel à l'aide de la carte des constellations circumpolaires. Cette carte ne représente que le ciel boréal et ne montre que les constellations les plus faciles à repérer.

Les premières fois qu'on examine une carte du ciel pour repérer les constellations, on a du mal à s'y retrouver. Pourquoi? Parce que, sur la carte, les étoiles n'occupent pas leur position familière dans le ciel mais apparaissent dans le sens inverse. Pour contourner cette difficulté, il faut lire la carte en la tenant à bout de bras au-dessus de sa tête!

Donc, pour repérer les constellations circumpolaires dans le ciel, tiens-toi face au nord, le livre à la main (le côté où se couche le Soleil sera à ta gauche). Maintenant, tiens la carte au-dessus de ta tête afin de voir les étoiles dans leur position réelle et oriente le livre pour que le mois en cours soit tourné vers le nord. La partie inférieure (ou sud) de la carte représente le «zénith», la région du ciel qui se trouve exactement au-dessus de toi.

Si tu t'es bien placé, tu verras que les constellations sont disposées dans le ciel de la même façon que sur la carte. Les constellations situées derrière toi ne figurent pas sur cette carte. Apprends à bien reconnaître les constellations circumpolaires car même si elles sont toujours visibles dans le ciel, elles changent elles aussi de position autour de l'étoile Polaire.

La Grande Ourse

Dans l'hémisphère nord, la constellation la plus facile à repérer est la Grande Ourse. C'est l'une des plus importantes à reconnaître dans le ciel car elle sert de point de repère: elle nous aide à trouver beaucoup de constellations avoisinantes. Une partie de la Grande Ourse a la forme d'une casserole ou d'un chariot, d'où les deux autres noms qu'on lui donne: la grande casserole ou le grand chariot. Pour la trouver dans le ciel d'été, regarde vers le nord et cherche une série de sept étoiles assez brillantes formant une

La Grande Ourse

casserole. La Grande Ourse change d'orientation selon les saisons. Pour apprendre à la repérer facilement en toute saison, examine la carte. Par exemple, en été, la casserole nous apparaît comme si elle était suspendue par son manche dans le ciel.

Même si la Grande Ourse est le plus souvent représentée comme une casserole ou un chariot, elle comporte une foule d'autres étoiles, beaucoup moins brillantes, qui sont plus difficiles à observer. Pour les apercevoir, sers-toi de jumelles.

L'étoile Polaire

L'étoile Polaire est une étoile importante dans le ciel de l'hémisphère nord. Elle est la seule qui semble pratiquement immobile. Lorsque tu regardes l'étoile Polaire, tu fais toujours face au nord, ce qui te donne la direction des autres points cardinaux. Mais pourquoi l'étoile Polaire est-elle si importante ? Parce qu'elle nous permet de déterminer l'emplacement du pôle Nord céleste, là où pointe l'axe de rotation de la Terre.

L'étoile Polaire ne compte pas parmi les étoiles les plus brillantes, loin de là. Heureusement, elle est quand même facile à situer dans le ciel, quelle que soit la saison. Trouve d'abord la Grande Ourse à l'aide de la carte des constellations circumpolaires. Repère ensuite les Gardes, les deux étoiles qui forment le bord extérieur de la casserole, du côté opposé au manche. Sur une ligne droite, vers le haut, mesure 5 fois la distance séparant les Gardes (voir la flèche sur la carte). Il n'y a qu'une étoile visible à l'oeil nu dans cette région et c'est l'étoile Polaire.

La Petite Ourse

La Petite Ourse, aussi appelée petit chariot, ressemble à la Grande Ourse, mais elle est beaucoup plus petite et moins facile à trouver. Repère l'étoile Polaire : voilà le bout du manche de la Petite Ourse. Si aucune lumière environnante ne vient gêner ton observation, tu distingueras la constellation. Aide-toi de la carte et utilise des jumelles pour distinguer les étoiles moins brillantes qui la composent.

La Petite Ourse

Cassiopée

Céphée et Cassiopée

Maintenant que tu as repéré la Grande et la Petite Ourse, voici comment trouver Cassiopée et Céphée.

Céphée

Précédemment, tu as pu repérer l'étoile Polaire en traçant une ligne imaginaire à partir de la Grande Ourse. Si tu prolonges un peu plus loin cette ligne, tes yeux croiseront une autre étoile et tout près de là, vers la droite, Cassiopée. C'est une constellation constituée de 5 étoiles en forme de «W» ou de «M» (selon les saisons). La Grande Ourse et Cassiopée sont situées à peu près à égale distance de part et d'autre de l'étoile Polaire. En cours de route, tu auras peut-être aperçu une autre constellation de 5 étoiles, moins brillante que Cassiopée : voilà Céphée. Céphée a la forme d'une petite maison comme en dessinent les enfants.

Le Dragon

Le Dragon

La plupart des constellations n'ont pas vraiment la forme qu'on leur prête. Toutefois, certaines s'en approchent : le Dragon, par exemple. La tête du Dragon est sous la Petite Ourse. Comme les étoiles qui la forment sont moins brillantes, tu vas devoir chercher un peu. Imagine une ligne partant des deux étoiles formant la paroi de la petite casserole, du côté du manche. Cette ligne mène à un groupe d'étoiles en forme de trapèze qui dessinent la tête du Dragon. Le corps s'étend vers Céphée avant de se replier sur lui-même et de passer entre la Petite et la Grande Ourse. Le bout de la queue du Dragon tombe presque dans la casserole de la Grande Ourse !

Je lis l'heure dans les étoiles

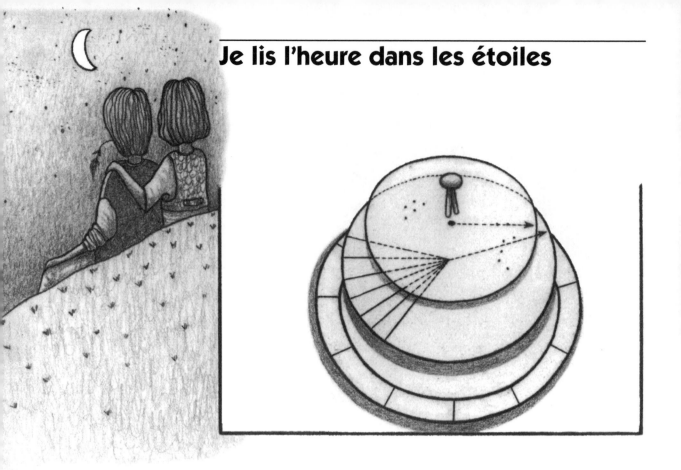

Figure-toi que le ciel étoilé de l'hémisphère nord est une horloge géante ! La Terre tourne sur un axe pointé vers l'étoile Polaire. Cela donne l'illusion, quand on regarde le ciel, que les constellations tournent autour de l'étoile Polaire à mesure qu'avance la nuit. L'étoile Polaire est la seule qui nous semble immobile. Peut-être t'es-tu déjà demandé comment il se fait que la Grande Ourse se déplace dans le ciel en l'espace de quelques heures. En fait, ce n'est pas elle qui se déplace, c'est toi. Si tu pouvais la suivre tout un jour et toute une nuit, tu aurais l'impression qu'elle a fait, en 24 heures, le tour complet de l'étoile Polaire. Pour le vérifier, fabrique ta propre horloge stellaire en observant le déplacement de la Grande Ourse dans le ciel nocturne.

Décalque ou photocopie les 3 cercles de la page suivante. Colle le grand et le moyen cercles sur un carton et découpe-les. Reproduis le plus petit, où se trouvent la Grande Ourse et Cassiopée, sur une feuille d'acétate ou de plastique rigide; découpe-le. Maintenant, empile les 3 cercles : grand, moyen et petit. Dans un trou percé au centre, passe une attache parisienne pour que les cercles tournent facilement.

Pour lire l'heure sur ton horloge stellaire, oriente d'abord la flèche des mois (sur le cercle moyen) vers le mois en cours. Mets-toi face au nord. Regarde ton horloge en la tenant à l'envers au-dessus de ta tête et assure-toi que le côté nord du cercle des mois (vers la mi-avril) est orienté vers le nord. En faisant tourner le petit cercle de plastique, oriente la Grande Ourse d'après sa position réelle dans le ciel (prends comme points de repère Cassiopée et l'étoile Polaire). La flèche pointillée tracée sur le cercle transparent pointe vers l'heure normale ou heure solaire.

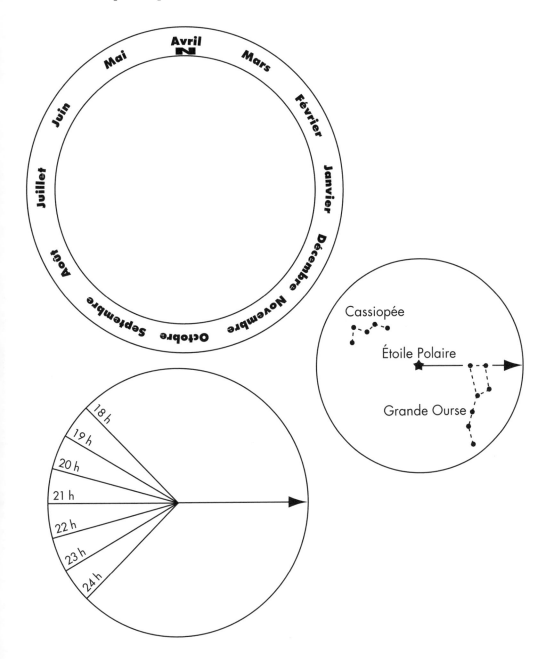

L'OBSERVATION DES CONSTELLATIONS DU CIEL D'HIVER

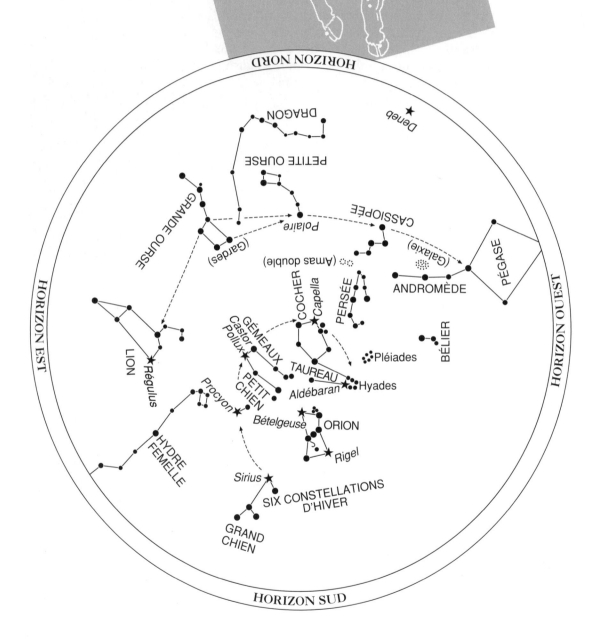

L'hiver est la saison idéale pour observer le ciel. La visibilité est bonne et la saison froide est celle où les étoiles les plus brillantes sont visibles. Dès la mi-décembre, un groupe d'étoiles brillantes apparaît à l'est dans le ciel du soir. À mesure que l'hiver avance, ces astres progressent vers le sud. Le spectacle est tout à fait saisissant vers la mi-février à 20 h, mais on peut encore les apercevoir en mars dans le ciel de l'ouest.

À l'aide de la carte du ciel d'hiver, essaie de retrouver les constellations circumpolaires que tu connais déjà. Situe d'abord la Grande Ourse. Ensuite, tu repéreras plus facilement la Petite Ourse, l'étoile Polaire, Cassiopée, Céphée et le Dragon.

Les indications des pages suivantes t'aideront à reconnaître les 6 principales constellations d'hiver. D'abord, familiarise-toi avec elles : Orion, le Grand et le Petit Chien, les Gémeaux, le Cocher et le Taureau. Remarque que chacune de ces constellations possède au moins une étoile très brillante : Sirius (dans le Grand Chien), Capella (dans le Cocher), Procyon (dans le Petit Chien), Bételgeuse et Rigel (dans Orion), Aldébaran (dans le Taureau) et Castor et Pollux (dans les Gémeaux).

Orion, le grand chasseur

Vers 20 h à la mi-février (vers 22 h à la mi-janvier ou vers 18 h à la mi-

Orion

mars), tiens-toi face au sud. Le Soleil s'est couché à ta droite. Tu apercevras 3 étoiles rapprochées formant une ligne montante vers la droite : c'est la ceinture d'Orion le chasseur. Elles sont entourées de 4 étoiles brillantes disposées en rectangle. Les étoiles d'Orion sont si brillantes qu'on les voit même de la ville malgré la pollution lumineuse. Prends des jumelles et observe Bételgeuse et Rigel, les deux astres les plus magnifiques de la constellation d'Orion.

Bételgeuse, dans le coin supérieur gauche du rectangle, est l'étoile qui forme l'épaule droite d'Orion. En l'observant, tu remarqueras qu'elle est de couleur orangée. Rigel est dans le coin inférieur droit du rectangle : cette étoile brillant d'un éclat blanc bleuté correspond à la jambe gauche d'Orion. Peux-tu déceler la couleur des étoiles des autres coins du rectangle ?

Autour de ce rectangle on distingue encore d'autres groupes d'étoiles, moins brillantes. D'abord un petit groupe qui forme un triangle : c'est la tête d'Orion. Et si la nuit est claire, on peut apercevoir de chaque côté de la tête deux groupes d'étoiles disposées en arc; ce sont les bras.

Le Grand Chien et le Taureau

Lorsque tu auras reconnu la ceinture d'Orion et ses trois étoiles formant une ligne inclinée, tu pourras repérer facilement les constellations du Grand Chien et du Taureau.

À peu près en ligne avec ces trois étoiles, dans chaque direction, tu

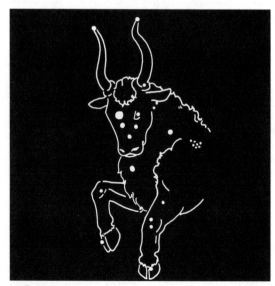

Le Taureau

verras deux astres brillants, Sirius et Aldébaran. Le premier, à gauche, et qui brille de tous ses feux près de l'horizon, c'est Sirius. Ses couleurs chatoyantes sont produites par la réfraction atmosphérique. Sirius est la principale étoile de la constellation du Grand Chien et la plus brillante de tout le ciel.

Le deuxième astre, Aldébaran, est situé un peu à droite de la ceinture d'Orion mais plus haut dans le ciel : c'est l'étoile brillante du Taureau. Les cornes du Taureau, un grand V étoilé, se rejoignent près d'Aldébaran et d'un petit amas d'étoiles (les Hyades). Non loin des Hyades se trouve l'un des plus beaux amas d'étoiles qui soit, les Pléiades. Observe-les avec des jumelles.

Le Petit Chien, les Gémeaux et le Cocher

Maintenant que tu sais repérer Orion, le Grand Chien et le Taureau, tu trouveras facilement d'autres constellations d'hiver : le Petit Chien, les Gémeaux et le Cocher.

Repère Aldébaran, l'étoile principale du Taureau, puis Rigel, l'étoile brillante à la base du rectangle d'Orion. Trouve ensuite Sirius dans le Grand Chien et continue en remontant à gauche vers la prochaine étoile éclatante placée à la suite des trois autres sur la courbe d'un grand cercle ima-

Les Gémeaux

tellation du Cocher; elle forme un pen-tagone, c'est-à-dire une figure géo-métrique à 5 côtés.

ginaire : voilà Procyon. Avec l'étoile voisine, Procyon forme la constellation du Petit Chien.

Continue ton périple le long du grand cercle. La prochaine étoile brillante s'appelle Pollux et sa soeur jumelle, Castor. En repérant Castor et Pollux, tu situeras du même coup les Gémeaux. Les Gémeaux sont les deux jumeaux célestes ayant à la base de la tête les étoiles brillantes Castor et Pollux; les astres qui s'étendent vers le bas dessinent leur corps.

Longe encore la courbe et tu atteindras la dernière des étoiles brillantes, Capella. Elle est juste au-dessus de ta tête vers 20 h à la mi-février (vers 22 h à la mi-janvier ou vers 18 h à la mi-mars). À partir de Capella, tu trouveras aisément la cons-

L'OBSERVATION DES CONSTELLATIONS DU CIEL DE PRINTEMPS

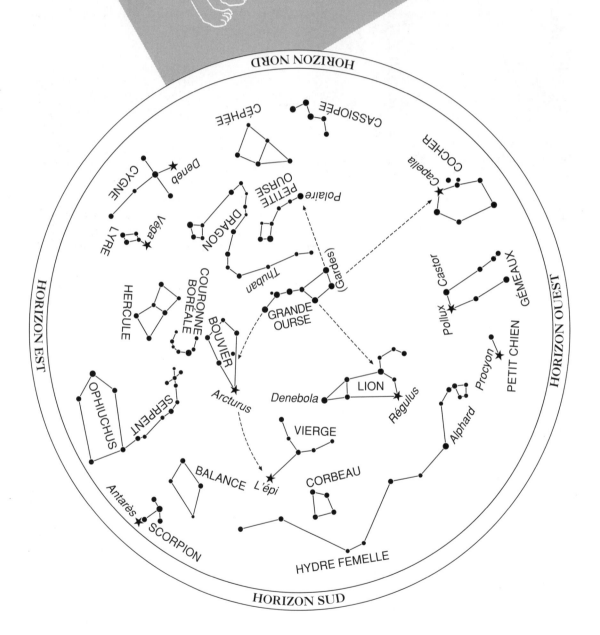

Tandis que les 6 magnifiques constellations d'hiver poursuivent lentement leur route vers l'ouest, les constellations du printemps apparaissent à l'est. À 20 h, dès le début de février, la constellation du Lion à l'est du ciel annonce l'arrivée prochaine de la saison douce. On voit ensuite se succéder la Vierge, le Bouvier, la Couronne Boréale et Hercule. Plus loin à l'horizon, d'autres constellations moins spectaculaires deviennent visibles : l'Hydre, le Corbeau et la Balance.

À l'aide des descriptions, apprends à reconnaître et à localiser les principales constellations du ciel printanier sur la carte du ciel de printemps. Lorsque tu sauras les identifier et les trouver sans peine sur l'illustration, tente ta chance à l'extérieur par une belle soirée étoilée.

Mets-toi face au sud au moment où le Soleil se couche à ta droite. Tiens la carte du ciel de printemps à l'envers au-dessus de ta tête, le sud de la carte en direction sud. Par la même occasion, remarque la position des constellations circumpolaires et vois s'il ne reste pas dans le ciel des constellations d'hiver encore visibles.

Le Triangle du printemps : d'abord le Lion...

Au printemps, notre regard est attiré par trois étoiles brillantes dis-

Le Lion

posées en triangle : il s'agit du Triangle du printemps. À chacun de ces astres éclatants est associée une constellation qu'on peut repérer facilement dès le mois d'avril. Commence par la constellation du Lion, qui se trouve franc sud en avril vers 21 h 30. Voici comment la trouver rapidement.

Repère la casserole de la Grande Ourse. Situe l'étoile qui fait la jonction entre le manche et la casserole puis, plus bas, l'étoile un peu plus grosse qui marque le fond de la casserole. Prolonge vers le sud la ligne imaginaire qui les relie. En avril, dans la direction sud, tu apercevras une étoile très lumineuse du nom de Régulus (mot latin qui signifie roi). Cet astre brillant et les étoiles avoisinantes forment une figure rappelant le Lion, le roi des animaux.

...Puis le Bouvier et la Vierge

Le Bouvier et la Vierge sont les deux autres constellations associées au Triangle du printemps. Elles apparaissent entre 20 h et 21 h dans le ciel à l'est entre mars et avril. En juin, elles sont au sud et se dirigent vers l'ouest les mois suivants. Pour les trouver facilement, reviens à la casserole de la Grande Ourse.

La Vierge

Le Bouvier

Prolonge le manche sur une ligne imaginaire en forme d'arc jusqu'à la deuxième étoile brillante du Triangle du printemps : <u>Arc</u>turus (les lettres soulignées devraient t'aider à retenir son nom). Observe avec des jumelles la couleur jaune doré de cette étoile. Arcturus est à la base d'une constellation en forme de losange qui ressemble à un cerf-volant sans queue : le Bouvier. C'est la quatrième étoile du firmament pour sa brillance; elle est 72 fois plus brillante que notre Soleil! On a même réussi un jour à concentrer sa lumière pour inaugurer une grande exposition à Chicago aux États-Unis!

Poursuis ton voyage sur la ligne imaginaire en forme d'arc jusqu'à la troisième étoile brillante du Triangle du printemps, et te voilà sur l'Épi. Moins scintillant qu'Arcturus, l'Épi est situé à la base d'une constellation en «Y» appelée la Vierge.

La Couronne Boréale, Hercule et d'autres constellations

Tout près du Bouvier, à l'est, se trouvent deux autres constellations. La première, la Couronne Boréale, est une

série d'étoiles en forme de couronne
ou de boomerang que tu peux apercevoir à l'oeil nu. La deuxième, encore
un peu plus à l'est, s'appelle Hercule;
ses étoiles dessinent une espèce de
rectangle.

Si tu aimes scruter le ciel printanier, peut-être distingueras-tu aussi
les étoiles de la constellation du Corbeau et celles de l'Hydre, qui rappellent
un grand serpent couché à l'horizon.
La tête de l'Hydre est formée d'un
groupe d'étoiles situé près du Petit
Chien.

L'OBSERVATION DES CONSTELLATIONS DU CIEL D'ÉTÉ

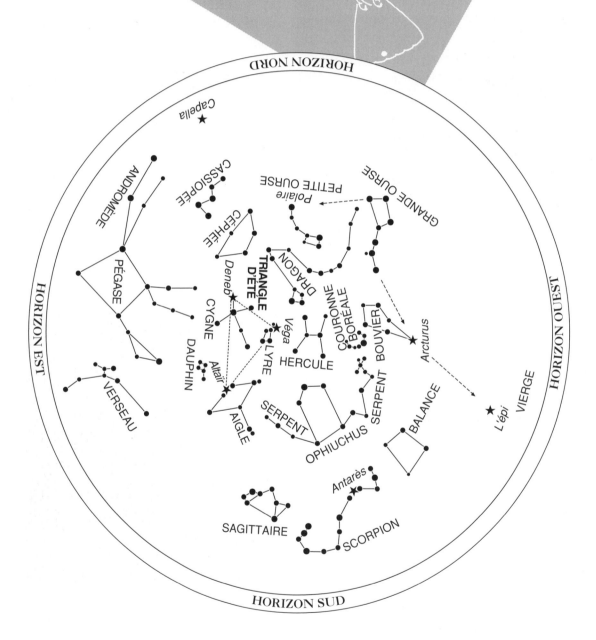

En été, tu peux toujours observer au nord les constellations qui tournent autour de l'étoile Polaire. À l'ouest, au mois de juillet, tu distingueras encore les constellations du printemps qui s'estompent peu à peu. À la fin d'août, si tu te lèves très tôt le matin, tu peux déjà apercevoir dans le ciel, à l'est, quelques-unes des étoiles brillantes du ciel d'hiver.

Mais c'est le soir vers 21 h que tu seras le plus attiré par le firmament. Trois magnifiques étoiles scintillent à l'est à compter de la fin juin et du début de juillet. À la même heure, de la mi-août jusqu'au début de septembre, deux d'entre elles sont presque au-dessus de ta tête. Ensemble, elles forment le superbe Triangle d'été. Les brillantes étoiles du Triangle d'été appartiennent respectivement aux constellations du Cygne, de la Lyre et de l'Aigle. Nous nous attarderons sur ces trois constellations mais si tu consultes une carte plus détaillée du ciel, tu en découvriras d'autres encore.

Commence par te familiariser avec les constellations du Triangle d'été. Sur la carte du ciel d'été, repère d'abord Véga, l'étoile brillante directement au-dessus de ta tête. Ensuite, à l'aide des lignes pointillées, trouve les principales constellations du ciel estival. Remarque que d'autres constellations visibles à cette époque de l'année figurent sur la carte.

Le Triangle d'été : le Cygne, la Lyre et l'Aigle

Le Triangle d'été est visible à l'est du ciel en juin et juillet, mais il est plus facile à observer de la mi-août à la mi-septembre, vers 21 h. Juste au-dessus de ta tête, deux étoiles brillantes scintillent : ce sont Deneb et Véga. Un peu plus loin brille Altaïr. Ensemble, elles forment le Triangle d'été. La plus faible des trois pointes du Triangle d'été est Deneb. Deneb fait partie d'un groupe d'étoiles disposées en croix appelé le Cygne. C'est l'une des plus belles constellations de l'été. Deneb, qui est au sommet de la croix du Cygne, en est l'astre le plus brillant.

Le Cygne

Véga est l'autre étoile qui scintille au-dessus de ta tête; c'est la plus lumineuse du Triangle d'été. On dirait un

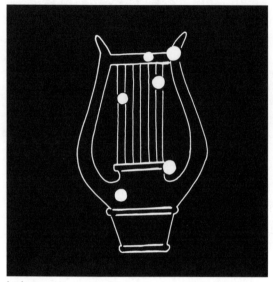

La Lyre

L'Aigle

diamant ! Elle est aussi la plus éclatante de la constellation de la Lyre.
Observe la Lyre avec des jumelles. Elle
est formée de deux groupes d'étoiles
rapprochées, un groupe de trois (Véga
en fait partie) et un petit losange.

Altaïr, enfin, marque le troisième
sommet du Triangle d'été. Elle appartient à la constellation de l'Aigle. Si tu
observes bien la disposition des astres
de cette constellation, tu reconnaîtras
peut-être un oiseau en plein vol. Altaïr
et les deux étoiles qui la flanquent
forment le devant de l'oiseau. Derrière, deux étoiles tracent le corps et la
queue, tandis que de chaque côté,
deux autres étoiles évoquent les ailes.

L'OBSERVATION DES CONSTELLATIONS DU CIEL D'AUTOMNE

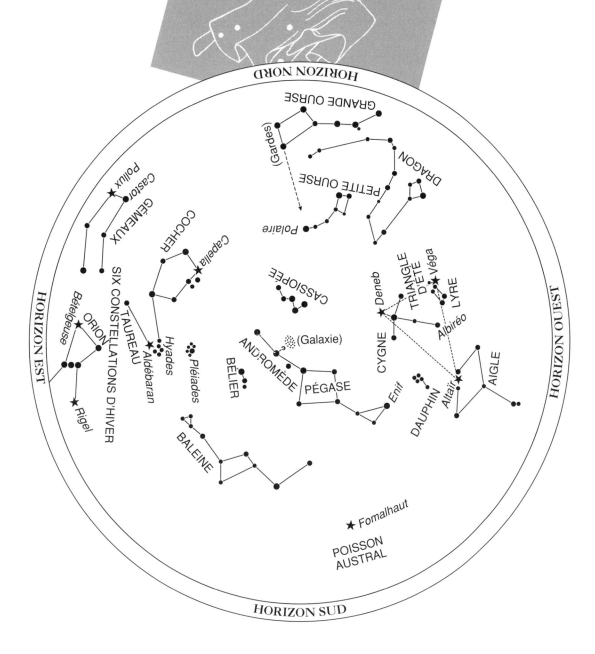

L'été avance. C'est le temps de récapituler ce que tu as appris sur les constellations. Les constellations du Triangle d'été se déplacent lentement vers l'ouest. Au début de septembre, entre 20 h et 21 h, les constellations d'automne apparaissent dans le ciel de l'est. À la même heure, au début de novembre, elles arrivent au-dessus de nos têtes. En décembre, elles prennent la direction ouest pendant qu'à l'est le spectaculaire Orion et ses deux chiens apparaissent timidement.

En novembre, tu auras l'occasion d'observer les constellations d'automne dans le ciel du sud. Commence par observer Pégase, presque au-dessus de ta tête. Ensuite, trouve Andromède, les Poissons, Persée et la Baleine. Essaie de les reconnaître sur l'illustration du ciel d'automne et, s'il fait beau, ne rate pas l'occasion de les observer dans le ciel.

Notre galaxie : la Voie Lactée

Par une nuit sans lune, à l'écart des grandes villes, tu admireras une merveille : la Voie Lactée. Notre galaxie a l'aspect d'une bande nuageuse claire traversant le ciel de part en part. En fait, il n'y a pas de nuages dans la Voie Lactée. Ce que nous voyons, c'est la lumière diffuse de centaines de milliers d'étoiles trop éloignées ou trop peu brillantes pour être aperçues individuellement, mais qui sont concentrées dans le plan de la Voie Lactée. Quoique visible en d'autres saisons, c'est à l'automne que la Voie Lactée est le plus spectaculaire.

La Voie Lactée est constituée de 200 milliards d'étoiles, dont notre Soleil ! Le système solaire (le Soleil et les planètes) est situé à sa périphérie. La Voie Lactée court à travers les constellations du Triangle d'été, Céphée, Cassiopée, Persée et les principales constellations d'hiver. Si tu l'examines avec des jumelles, tu apercevras plusieurs taches lumineuses ou sombres : ce sont des amas d'étoiles ou des nébuleuses. Imagine, il existe des centaines de milliards de galaxies semblables à la Voie Lactée dans l'Univers ! Les indications suivantes t'aideront à découvrir la plus facile à observer à l'oeil nu, la grande galaxie d'Andromède.

Pégase, Andromède et la galaxie d'Andromède

Entre 20 h et 21 h, à la mi-novembre, lève la tête et tu verras deux regroupements d'étoiles. Tu reconnaîtras sans doute le W de Cassiopée un peu vers le nord. L'autre groupe, vers le sud, est le carré de Pégase, le cheval ailé. Le corps de Pégase forme un grand carré. Son cou et sa tête sont dessinés par une série d'étoiles disposées en arc de cercle vers le sud-ouest. À l'opposé, à l'extrémité nord-est du carré, une série d'étoiles alignées forme la constellation d'Andromède.

Pégase

Presque au-dessus de toi, non loin de l'étoile centrale de la constellation d'Andromède, une faible tache lumineuse forme la grande galaxie d'Andromède. Comme beaucoup de galaxies, celle d'Andromède est en forme de spirale et se compose de milliards d'étoiles. C'est la plus proche de la Terre et pourtant sa lumière met 2,5 millions d'années à nous atteindre! La galaxie d'Andromède est l'objet le plus lointain que tu puisses voir à l'oeil nu dans le ciel.

Les Poissons, Persée et la Baleine

Un peu au sud se trouve la constellation des Poissons. Elle dessine sous Pégase et Andromède une espèce de grand «V» couché. La pointe du V est située près d'une étoile brillante appelée Mira, qui appartient à la constellation de la Baleine.

Vers le nord-est, tout près de Cassiopée, tu trouveras Persée (visible aussi en janvier).

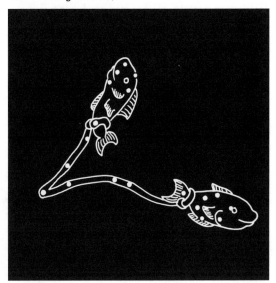

Les Poissons

Plus loin à l'horizon, derrière les Poissons, tu réussiras peut-être à apercevoir les principales étoiles brillantes de la Baleine, une constellation plus difficile à repérer.

Andromède

LES MÉTÉORES, LES SATELLITES ET LES COMÈTES

Si tu observes souvent le ciel étoilé, tu auras peut-être la chance d'observer certains objets ou phénomènes astronomiques dont l'apparition est imprévisible. Le passage d'une comète, la lente dérive d'un satellite ou le bref éclair d'une étoile filante récompensent ceux et celles qui prennent le temps d'admirer la beauté du ciel. Dans ce chapitre, nous explorerons ensemble quelques-uns de ces phénomènes.

En particulier, nous décrirons les météores, une classe de phénomènes lumineux qui se produisent dans l'atmosphère terrestre : par exemple, les arcs-en-ciel, les étoiles filantes et les aurores boréales sont des météores. Ensuite, nous parlerons des satellites artificiels qui brillent souvent au coucher ou au lever du Soleil. Enfin, nous étudierons les comètes, dont la longue queue s'étire à travers le ciel.

Les étoiles filantes

Contrairement à ce que leur nom suggère, les étoiles filantes ne sont pas des étoiles tombées du ciel. Ce sont des «poussières cosmiques» ou des roches qui traversent l'atmosphère terrestre à des vitesses variant de 15 à 75 kilomètres par seconde. En pénétrant dans l'atmosphère, ces particules se frottent aux molécules d'air et sont brusquement freinées; la chaleur ainsi dégagée les vaporise et fait briller l'air environnant. Cette colonne de gaz brillant d'à peine quelques mètres de diamètre devient la traînée lumineuse que l'on nomme «étoile filante».

La très grande majorité des étoiles filantes que nous apercevons signalent le passage de grains de poussière mi-

nuscules, à peine plus gros que des grains de sable. Le frottement les vaporise complètement, ne laissant qu'une fine poussière microscopique qui descend lentement vers le sol.

De temps à autre cependant, un objet plus gros pénètre dans l'atmosphère et «allume» une étoile filante d'une intensité exceptionnelle. Ces bolides, dont les plus petits ont la taille d'un pamplemousse, peuvent laisser une traînée lumineuse visible pendant plusieurs secondes. Ils ne se consument pas complètement en traversant l'atmosphère, et tombent sur la Terre. On en retrouve parfois des fragments, les météorites, qui font la joie des astronomes et des collectionneurs.

Plus rarement, un objet pesant plusieurs milliers de tonnes s'écrase sur la Terre en creusant un cratère de dimension impressionnante : le réservoir Manicouagan, de même que le cratère du Nouveau-Québec et le cratère Barringer, en Arizona, en sont de bons exemples. La Lune, certaines planètes et de nombreux satellites portent les cicatrices de ces impacts, qui furent particulièrement nombreux au moment de la formation du système solaire.

Les «pluies» annuelles d'étoiles filantes sont causées par les comètes qui repassent près du Soleil à intervalles réguliers. D'un passage à l'autre, elles fondent peu à peu, ce qui libère de grandes quantités de gaz, de poussières et de cailloux de toutes tailles.

Si par hasard l'orbite d'une comète croise celle de la Terre, notre planète traversera un «nuage» de débris laissés par la comète, et sera bombardée par une multitude de météores. Puisque la Terre repasse toujours, à une période donnée, sur la même portion de son orbite, la pluie d'étoiles filantes se répétera aux mêmes dates, année après année.

Il se produit environ 70 pluies d'étoiles filantes par an, dont une douzaine d'importance majeure comme les Perséides en août, les Géminides à la mi-décembre et les Quadrantides au début de janvier.

L'observation d'une pluie d'étoiles filantes ne requiert aucun équipement spécialisé. Tu dois cependant observer d'un endroit où le ciel est bien noir. Confortablement assis sur une chaise longue et bien emmitouflé dans une chaude couverture, balaie lentement le ciel du regard, en laissant le temps à tes yeux de s'habituer à l'obscurité. Avec un peu de chance, tu verras un grand nombre d'étoiles filantes. N'oublie pas de faire chaque fois un voeu!

LES PLUS SPECTACULAIRES PLUIES D'ÉTOILES FILANTES

Nom	Date
Quadrantides	3 janvier
Lyrides	22 avril
Êta Aquarides	5 mai
Sud delta Aquarides	29 juillet
Perséides	13 août
Orionides	22 octobre
Sud Taurides	3 novembre
Léonides	17 novembre
Géminides	14 décembre
Ursides	23 décembre

Les aurores boréales

Les aurores boréales sont l'un des spectacles célestes les plus saisissants qui soient. Ces immenses rideaux multicolores qui semblent danser dans le ciel ne sont pas, comme le croyaient nos ancêtres, le reflet de la lumière solaire sur les glaces des pôles. Il s'agit plutôt d'un phénomène lumineux qui se produit dans la haute atmosphère terrestre, sous l'effet des «colères» du Soleil...

Notre étoile émet un flot incessant de particules chargées (protons et électrons) qui se dispersent dans l'espace entre les planètes. C'est le vent solaire. Mais de temps à autre, une violente éruption à la surface du Soleil projette une grande quantité de ces particules dans l'espace. Environ deux jours plus tard, notre planète en est littéralement bombardée. Entraînées par le champ magnétique terrestre, les particules se concentrent au-dessus des pôles nord et sud. Entre 100 et 400 kilomètres d'altitude, elles excitent les molécules d'air de l'atmosphère. Celles-ci émettent alors de la lumière, donnant naissance au phénomène lumineux que l'on nomme aurore polaire — boréale dans l'hémisphère nord, australe dans l'hémisphère sud.

Les satellites artificiels

Par milliers, les satellites artificiels tournent inlassablement autour de la Terre. Grâce à eux, il nous est possible de téléphoner à nos amis de Chine ou d'Australie, et de voir en direct à la télé ce qui se passe chez eux. Certains aident les météorologues à prévoir le temps qu'il fera demain. D'autres aident les marins à établir avec précision leur position sur les océans. D'autres encore permettent aux scientifiques d'observer l'Univers «de plus près» grâce à une batterie d'instruments scientifiques.

Il ne faut surtout pas confondre les satellites et les étoiles filantes! Les étoiles filantes s'allument pendant une fraction de seconde et disparaissent ensuite à tout jamais. Les satellites artificiels ont un comportement tout à fait différent: ils se déplacent beaucoup plus lentement et sont visibles pendant plusieurs minutes avant de s'éteindre brusquement. Un satellite peut briller d'un éclat constant; un autre, de forme irrégulière ou en rotation rapide sur lui-même, pourra sembler clignoter.

C'est la lumière du Soleil réfléchie par les surfaces métalliques des satellites qui nous permet de les observer. Ils sont cependant trop petits pour être visibles en plein jour, et disparaissent dès qu'ils pénètrent dans l'ombre de la Terre. On ne les voit bien qu'au crépuscule ou à l'aube. Comme ils volent à basse altitude, ils sont alors éclairés par le Soleil encore proche sous l'horizon.

En règle générale, les satellites se déplacent d'autant plus vite que leur orbite est basse. Par exemple, un satellite de reconnaissance tournant à une altitude de 200 kilomètres parcourt une orbite en moins de 90 minutes, alors qu'un satellite de navigation à 1 800 kilomètres d'altitude met plus de 2 heures pour faire le tour de la Terre.

Ils ne sont cependant visibles à l'oeil nu qu'une fraction de cette période. Les satellites tournant juste au-dessus de l'atmosphère terrestre, à 200 kilomètres d'altitude, sont visibles pendant environ 5 minutes; les plus hauts peuvent être visibles pendant plus de 15 minutes avant de disparaître dans l'ombre de la Terre. Il existe de plus une catégorie de satellites dont la période de révolution est égale à la période de rotation de la Terre : ce sont les satellites géostationnaires, qui demeurent toujours au-dessus d'un même point de la surface terrestre. Mais à 35 680 km d'altitude, ils sont malheureusement trop loin pour être visibles, même avec des jumelles!

La plupart des satellites se déplacent d'ouest en est. D'autres, des satellites espions et militaires pour la plupart, sont en orbite polaire, et se déplacent du nord au sud ou vice-versa. Cette orbite particulière leur permet d'observer une partie différente de la surface de la Terre à chaque passage.

Si la chasse aux satellites t'intéresse, l'été est le moment idéal pour mettre à l'épreuve ton sens de l'observation. Scrute le ciel en direction ouest, dès qu'apparaissent les étoiles. Essaie d'évaluer l'altitude des satellites en fonction de leur vitesse relative. S'agit-il d'un satellite espion, filant à toute vitesse sur une orbite nord-sud, ou d'un satellite météo flottant au-dessus de l'équateur ? Avec des amis, organise une chasse aux satellites!

Les comètes

Avec un peu de chance, tu surprendras peut-être un jour le passage d'une comète à travers le ciel. Une comète a en général l'aspect d'une étoile floue, qu'on dirait entourée d'un petit nuage lumineux. Elle s'observe alors à l'aide de jumelles ou à travers un petit télescope. Mais il arrive parfois qu'une comète soit visible à l'oeil nu, et devienne très spectaculaire! Sa longue queue peut s'étirer sur plusieurs degrés à travers le ciel, et demeurer visible pendant de longues semaines. C'est un spectacle extra-ordinaire!

Les comètes sont des boules de neige sales, grosses comme des montagnes et plus noires que du charbon. Leur noyau est composé principalement de glaces d'eau, d'ammoniaque et de gaz carbonique mélangées à une impressionnante quantité de poussières et de suie. Elles se déplacent dans le système solaire sur des orbites très allongées en forme de cigare. La plupart du temps, les comètes flottent dans l'espace au-delà de l'orbite de Pluton. Elles sont alors trop petites et trop éloignées du Soleil pour être visibles de la Terre.

De temps à autre, cependant, une comète plonge vers le centre du système solaire. En s'approchant du Soleil, le noyau de la comète «fond» et sème derrière lui une traînée de gaz et de poussières qui devient la queue de la comète. C'est à ce moment, lorsque la comète passe à proximité du Soleil, que nous pouvons l'admirer de la Terre. La queue s'étire sur plusieurs millions de kilomètres. Cette queue magnifique est soufflée par la radiation et la chaleur émises par le Soleil. Elle pointe toujours en direction opposée au Soleil. Après son passage au plus près du Soleil, quand la comète replonge dans les profondeurs de l'espace, la queue précède même le noyau!

Certaines comètes ne font qu'un seul passage près du Soleil. D'autres sont «périodiques» : elles reviennent près du Soleil à intervalles réguliers. Leur période peut être de quelques années ou de quelques dizaines d'années. La comète Halley, par exemple, a une période de 76 ans. Elle est passée près du Soleil en 1910, et de nouveau en 1986. Auras-tu la chance de la voir, lors de son prochain passage ?

À chacun de leurs passages, les comètes périodiques perdent une partie de leur masse. Certaines finissent par disparaître.

D'autres comètes terminent leur périple dans le système solaire d'une façon plus violente, en s'écrasant sur les planètes. On pense que c'est ce qui s'est passé il y a 65 millions d'années, quand les dinosaures sont disparus de la surface de la Terre. Il semble qu'une comète gigantesque soit entrée en collision avec la Terre. L'impact a projeté dans l'atmosphère une formidable quantité de poussières qui ont bloqué les rayons du Soleil. Sans lumière, les plantes sont mortes, de même que les grands dinosaures qui s'en nourrissaient. Il aura fallu plusieurs mois, peut-être même des années, avant que la poussière ne retombe, permettant aux plantes de renaître. Mais pour les dinosaures, c'était trop tard...

En juillet 1994, une autre comète s'est écrasée dans l'atmosphère de Jupiter. Les astronomes du monde entier ont suivi avec attention les détails de cette collision, un des événements astronomiques les plus spectaculaires de ce siècle. Et tous étaient bien heureux que la comète s'écrase sur Jupiter, et non pas sur la Terre!

POUR EN SAVOIR PLUS LONG

COUPER, H., *L'Univers*, Guides pratiques jeunesse, Seuil, 1994.

DICKINSON, T., *Découvrir le ciel la nuit*, Éd. Marcel Broquet, Laprairie, 1992.

EKRUTT, J.W., *Le ciel et les étoiles*, Mini-guide Nathan tout-terrain, Éd. Fernand Nathan, Paris, 1987.

GRAHAM, I., DE VISSCHER, M., *Deviens expert en astronomie*, Éd. Gamma-École active, Montréal, 1993.

MARCHAND, P., *Le ciel par-dessus nos têtes*, Éd. Gallimard Jeunesse, Paris, 1993.

PASACHOFF, J.M., *Astronomie*, Les petits guides Peterson, Éd. Marcel Broquet, Laprairie, 1990.

Annuaire astronomique annuel, Éd. astronomiques inc., Montréal.

Ciel Info, bulletin trimestriel, Musée national des sciences et de la technologie, Ottawa, Ontario.

J'observe le ciel étoilé, Éd. astronomiques inc., Montréal.

Mini cherche-étoiles alpha, Éd. Marcel Broquet, Laprairie, 1984.

RÉFÉRENCES

CHARTRAND, W., *Guide du ciel*, Éd. Marcel Broquet, Laprairie, Québec, 1982.

ENGELBREKTSON, S., *Planètes, étoiles, galaxies*, Delachaux Niestlé, Lausanne, 1976.

RIDPATH, I., *L'astronomie*, Éd. Atlas, Paris, 1991.

Nouveau Manuel de l'Unesco pour l'enseignement des sciences, Unesco, Paris, 1947.

NSTA, Sciences and Children, vol. 15, n° 8; vol. 18, n° 5; vol. 19, n°s 3, 8; vol. 20, n° 3; vol. 22, n° 5; vol. 25, n° 5; vol. 30, n° 2, National Sciences Teachers Association, Washington, D.C.

Imprimé au Canada

METROLITHO
Sherbrooke (Québec)